CB054961

“Confie em si próprio. Você sabe mais do que pensa que sabe.”

– Dr. Benjamin Spock

"Se você olhar bem no fundo da confiança, encontrará a verdade."

– Jeffrey Gitomer

Em quem você confia?

Por que confia nessas pessoas?

Quem confia em você?

Por que essas pessoas confiam em você?

Como você ganha confiança?

Como você se torna confiável?

Como você perde a confiança?

Por que você a perde?

Como reconquistar a confiança perdida?

Qual é a importância da confiança em seus relacionamentos de negócios?

Qual é a importância da confiança em seus relacionamentos pessoais?

As respostas estão neste livro....

Jeffrey Gitomer

O Livro Azul da Confiança

Como Fazer com que as Pessoas nas Áreas de Vendas, Negócios e na Vida CONFIEM em Você!

M.Books do Brasil Editora Ltda.

Rua Jorge Americano, 61 - Alto da Lapa
05083-130 - São Paulo - SP - Telefones: (11) 3645-0409/(11) 3645-0410
Fax: (11) 3832-0335 - e-mail: vendas@mbooks.com.br
www.mbooks.com.br

Dados de Catalogação na Publicação

Gitomer, Jeffrey.

O Livro Azul da CONFIANÇA – Como fazer com que as pessoas nas áreas de vendas, negócios e na vida confiem em você!

2011 – São Paulo – M.Books do Brasil Ltda.

1. Vendas 2. Desenvolvimento Pessoal 3. Administração

ISBN: 978-85-7680-114-6

Do original: Little Teal Book of Trust – How to earn it, grow it, and keep it to become a trusted advisor in sales, business, & life
ISBN original: 0-13-715410-0

Editor: Milton Mira de Assumpção Filho

Tradução: Mônica Rosemberg

Produção Editorial: Beatriz Simões Araújo

Coordenação Gráfica: Silas Camargo

Editoração: Crontec (sob projeto original de Mike Wolff)

Design da Capa: Crontec (sob projeto original de Josh Gitomer)

Ilustrações: Randy Glasbergen

CONFIE EM MIM!

As palavras "confie em mim" já foram pronunciadas bilhões de vezes – e toda vez que são ditas, é porque a outra pessoa não confia.

Confiança não é algo que se pede.
Confiança é algo que se ganha.
Confiança não é algo que se diz.
Confiança é algo que se sente.

A razão pela qual se pede confiança é porque a pessoa que a está pedindo percebe que "confiança" é a chave para o "sim".

Pense sobre as vezes em que pediu a alguém para confiar em você. Pode ter sido algo simples como escolher um restaurante ou um filme. Talvez tenha sido para um cliente em uma apresentação de vendas, ou algo maior como em um contrato imobiliário. Talvez tenha sido em uma decisão importante que você desejava que fosse tomada em seu favor. Como ninguém concordou com você logo de início, e você acreditava que o seu jeito ou sua ideia era a melhor, você imediatamente pediu à pessoa (ou a um grupo de pessoas) para confiar em você.

"Confie em mim quanto a isso."

A resposta dessas pessoas a seu pedido de confiança baseou-se em grande parte no quanto elas já confiavam em você. Se você já as conhecia e tinha um histórico de convivência de sucesso, o mais provável era que as pessoas aceitassem. Se você não tem uma história de convivência com elas, ou tem apenas uma convivência ocasional, o mais provável é que você encontrasse resistência por parte delas.

O ponto central gira em torno da palavra e do sentimento de confiança. Você pode pedir por isso, mas se a outra pessoa não sente, não vai conseguir.

"Confiei em você até o momento em que você disse 'confie em mim'!"

“A razão por que você precisa dizer ‘confie em mim!’ é que não ganhou a confiança e está sendo forçado a pedir por ela – jogada ruim.”

– Jeffrey Gitomer

Por que devo confiar em você?

Por ter crescido na região Noroeste dos Estados Unidos, a confiança era um elemento indefinido em grande parte de minhas atividades e atitudes. Não me dei conta disso na época. E certamente não me dei conta de sua importância. Eu achava simplesmente que falta de confiança era um estilo de vida, não um elemento ausente. Conforme amadureci, desenvolvi relacionamentos e finalmente me mudei, percebi que a confiança não era UM elemento importante, era O elemento para construir uma relação de sucesso duradoura com qualquer pessoa ou empresa.

A resposta para "por que devo confiar em você?" é simples. A confiança permitirá que duas pessoas alcancem praticamente qualquer nível de relacionamento. Quanto maior o fator confiança, mais expansivo pode o relacionamento se tornar.

Onde não existe confiança, o potencial para um relacionamento permanece no âmbito transacional. Comprar e vender. Ou prestar um serviço e ir embora – nada além do valor de face da situação.

O segredo, e não é dos grandes, é se tornar confiável. Você consegue isso ao longo do tempo com palavras, ações e realizações que permitem construir confiança.

Quanto mais confiável você se torna, mais potencial para alcançar o sucesso você tem. Não apenas em um relacionamento, mas em qualquer iniciativa que você empreender.

A seguir estão as razões por que quero confiar em você:

- **Quero confiar em você porque quero acreditar que o que você me disse é verdade.**
- **Quero confiar em você porque acabo de lhe dar meu dinheiro e quero ter certeza que está seguro.**
- **Quero confiar em você porque acabo de lhe dar meu dinheiro e quero ter certeza que você vai entregar o que prometeu.**
- **Quero confiar em você porque acabo de lhe confiar algo.**
- **Quero confiar em você porque acabo de lhe pedir para fazer algo para mim e é importante que seja feito no prazo.**
- **Quero confiar em você porque acabo de lhe pedir para fazer algo para mim e quero que seja o melhor possível.**
- **Quero confiar em você porque acabo de lhe pedir um conselho e quero que você me diga o que é do meu melhor interesse... Não do seu melhor interesse.**
- **Quero confiar em você porque amo você.**
- **Quero confiar em você porque você me deu sua palavra e estou supondo seu compromisso.**

Do que trata este livro?

Conforme dito na capa, confiança é o tema deste livro. No entanto, este livro também fala sobre o que faz a confiança acontecer, como confiar, como se tornar confiável e tudo no entremeio, incluindo o lado negativo: como você perde a confiança e quais as consequências.

Os benefícios que você obterá com este livro têm como resultado a confiança, e são os elementos do livro que levarão você a essa recompensa.

Estes são os elementos que, quando dominados, manifestam-se como confiança:

- **Relacionamentos**
- **Julgamento**
- **Verdade**
- **Valor**
- **Reconhecimento**
- **Oferecer confiança**
- **Ganhar confiança**

Depois de explicar esses elementos e você entender solidamente o papel deles no fator confiança, o livro passa para um nível acima chamado *conselheiro de confiança*, um status que todos almejam alcançar.

É um status que todos os chefes dizem a seu pessoal de vendas para atingirem, um status que todo profissional (médico, advogado, contador) busca alcançar e um status que todo mundo aspira, seja declaradamente ou no íntimo.

Eu procuro escrever para ser entendido. Sou conhecido, e construí uma reputação, por proporcionar informações simples e objetivas que você pode usar um minuto depois de ler.

Este livro é diferente.

A informação continua sendo objetiva. E acredito que é fácil de entender. Mas confiança não é algo instantâneo. E conquistar a posição de conselheiro de confiança é menos instantâneo ainda.

Este é um livro que vai lhe servir por toda uma vida de crescimento e de sucesso, à medida que você busca entender e dominar os princípios da confiança e se tornar uma pessoa confiável.

A esta altura você deve estar se perguntando: *é um livro sobre negócios? Um livro sobre vendas? Ou um livro sobre desenvolvimento pessoal?*

A resposta para todas as três perguntas é **Sim!**

A confiança é o alicerce de tudo o que você faz nos negócios e de tudo o que faz na vida pessoal.

Pense sobre aqueles com quem você faz negócios. Pense sobre os produtos que compra. Pense sobre todas as pessoas com quem interage em seu cotidiano. Pense sobre os membros de sua família. Sua confiança neles e a deles em você cria a oportunidade para que todos os outros aspectos de suas amizades e relacionamentos amadureçam e se desenvolvam.

Não preciso enfatizar a importância da confiança. Você já sabe. O que quero enfatizar são os elementos que fazem a confiança acontecer e os incidentes que a fazem desaparecer.

Este livro não se enquadra em uma categoria específica, tampouco deve ser lido apenas por vendedores ou pelo pessoal de serviço ao consumidor – é um livro para ser lido e estudado por todos que consideram a confiança algo importante de se ganhar, mais importante de manter e mais importante ainda de honrar. Inclusive você.

Sumário

SEÇÃO 3: AS 23,5 CARACTERÍSTICAS DAS PESSOAS CONFIÁVEIS

SEÇÃO 4: CONSELHOS DE NEGÓCIOS E VENDAS EM QUE VOCÊ PODE CONFIAR... E CONTAR COM

SEÇÃO 5: RECUPERANDO A CONFIANÇA

SEÇÃO 6: TORNANDO-SE UM CONSELHEIRO DE CONFIANÇA

SEÇÃO 6,5.: VERDADE, CONFIANÇA, VALOR

PERGUNTE A SI MESMO...

"Não confie em todos os homens, mas confie nos homens de valor; a primeira conduta é boba, a segunda, um sinal de prudência."

– Demócrito (460 AC- 370 AC)

Você confia em si mesmo?

Você já refletiu sobre uma decisão que tomou e se recriminou, praticamente se puniu, por achar que a decisão foi errada ou por perceber que poderia ter tomado uma decisão melhor?

Os críticos esportivos da segunda-feira estão sempre certos. Depois que tudo já aconteceu, eles veem o que poderia, ou deveria, ter sido feito no jogo de domingo e falam sobre isso na segunda-feira como se pudessem voltar ao domingo e tomar as decisões certas na hora certa.

As pessoas que olham para trás e se recriminam ou se criticam por tomar uma decisão errada ou ruim continuam predispostas a fracassar em decisões futuras simplesmente porque não confiam em si mesmas.

Eu mantenho que você deve sempre confiar em seu julgamento e nunca criticá-lo.

Isso não significa que você não cometerá erros. É por este motivo que chamamos isso de julgamento.

Mas desafio você a olhar para decisões erradas como *lições*, lições de vida.

Erros de julgamento são os melhores professores do mundo, e se você optar por aprender com eles, então começará a confiar em si próprio e entender que, certo ou errado, você tomou uma decisão e foi em frente.

Para entender os elementos deste livro, você precisa primeiro aprender a confiar em si mesmo – em seus julgamentos, suas ações e suas palavras, tanto as faladas quanto as escritas. Você não pode confiar nos outros se não confiar em si mesmo.

Você pode se apoiar nos outros, contar com os outros, mas se apoiar e contar com são mutuamente excludentes de confiar.

EIS O SEGREDO NOVAMENTE: para criar confiança e tornar-se um conselheiro de confiança para os outros, você precisa primeiro confiar em si mesmo. Isso significa que você deve confiar em seu pensamento, sua sabedoria, seu conhecimento, seu julgamento, seus instintos, seu poder de observação, seu poder de dedução, sua habilidade de justificar e sua habilidade de discernir.

Você deve ser decidido. Pessoas confiáveis não são indecisas. Pessoas confiáveis não transferem a responsabilidade. Pessoas confiáveis apostam em si mesmas.

NÃO é "confie em mim".
É confie EM SI MESMO.

“Você não pode confiar nos outros enquanto não confiar em si mesmo.”

– Jeffrey Gitomer

Por que você deve confiar nos outros?

Cedo em minha carreira, a despeito dos conselhos dos outros e do ambiente em que vivia, de alguma forma decidi dar às outras pessoas o benefício inicial da dúvida. Tornei-me uma alma confiante. Decidi que iria confiar em todo mundo, até que me dessem razões, ou provas, para não confiar. Essa filosofia foi e continua sendo muito arriscada, especialmente em minha posição atual, na qual tenho muito mais a perder do que naquela época.

Mas ao confiar nos outros logo de início, tornei-me automaticamente aberto e adepto a novas ideias, novos pensamentos e novas estratégias para o sucesso.

Descobri que a maioria das pessoas não confia logo de início. Você as vê de braços cruzados. Sente as barreiras internas delas erguidas. Se você for velho como eu, vai se lembrar do comercial da pasta de dentes Ipana com seu escudo protetor invisível. As pessoas que não se permitem essa vulnerabilidade, ou pessoas que já estão com essas barreiras erguidas, deixarão passar oportunidades incríveis com base em prejulgamentos ou até mesmo intransigência (pensar no não sem a possibilidade do sim).

CONSELHO: Baixe sua guarda. Descruze os braços. Fique vulnerável. Confie primeiro.

Devo admitir que minha filosofia de confiar inicialmente muitas vezes me fez sentir explorado, magoado e até mesmo prejudicado. Mas saí ganhando, e muito, como resultado de ficar vulnerável o bastante para confiar. E desafio você a fazer o mesmo.

Por que você deve aceitar conselhos?

Aceitar um conselho é um processo muito sensível e delicado porque geralmente significa que alguém ajudou você a tomar uma decisão ou tomou a decisão por você, e você estava disposto a aceitar com base em uma combinação de seu instinto e sua confiança.

A resposta pragmática é que você não aceitará o conselho de alguém, especialmente se for financeiro ou do tipo que pode ter um impacto importante em sua vida, se você não confia ou não tem um bom sentimento pela pessoa que está oferecendo o conselho.

A seguir estão as 4,5 razões por que você aceitará o conselho de alguém para ajudá-lo a tomar uma decisão:

1. **Você é amigo da pessoa.** Quando você está buscando um conselho, ou quando alguém lhe oferece um conselho não solicitado, você ouvirá com mais atenção se vier de um amigo.
2. **Você confia na experiência da pessoa.** A pessoa tem um grau maior de conhecimento do que o seu e você está disposto a arriscar confiar nela na esperança de que o conselho será acurado e sensato, e que o resultado será aquele que você deseja.
3. **Você tem um relacionamento.** Esta é uma pessoa que você conhece de longa data – um cônjuge ou alguém íntimo, por quem você passou a ter carinho, a honrar, a acreditar e é claro a confiar.

4. **Um familiar direto.** Frequentemente o conselho virá de uma forma desencorajadora. E você, assim como eu, vai ignorá-lo até que se torne uma verdade óbvia.

4,5. **Conflito entre a lógica e a emoção quanto você recebe um conselho.** O conselho pode ser lógico, mas suas emoções impedem você de ouvi-lo, ainda mais de aceitá-lo. A melhor coisa a fazer é não tomar uma decisão imediata nas situações em que muita emoção estiver envolvida. Ouça os outros, anote os fatos, as opções e os possíveis resultados. Então dedique um tempo para pensar sobre o que é a coisa certa e melhor a se fazer. A decisão se tornará óbvia.

"A última pessoa de quem aceitei um conselho foi meu professor de matemática que me disse que a álgebra me seria útil algum dia!"

Vizinhos e amigos são seus conselheiros? Até certo ponto, SIM!

De algo pequeno como onde comer e a qual filme assistir, ou maior como para onde ir nas férias, ou que carro comprar, seus vizinhos, amigos, parentes e colegas no trabalho têm 1000 vezes mais influência no seu processo de decisão do que uma pessoa tentando vender algo para você.

Você vai acreditar no vizinho de porta que já foi ao lugar ou no agente de viagens que nunca esteve lá? Você vai acreditar no vizinho de porta ou no vendedor do carro? O mais provável é que você acredite nos amigos e vizinhos porque eles tiveram a experiência direta e não serão afetados pelo resultado. Não vão ganhar comissão pela venda.

Se estiver comprando um carro ou procurando um bom restaurante, pense sobre quem você vai procurar para um conselho e sobre o conselho de quem você está disposto a aceitar. As pessoas que você procura não lhe dão simplesmente um conselho; elas confortam e apoiam você, e não agem em interesse próprio ou têm segundas intenções ao lhe dar aquele conselho. É por isso que você é cético em relação a propagandas e evita vendedores. Você procura pessoas que acredita que digam a verdade e que ajudam a confirmar, ou justificar, em sua mente aquilo que você quer fazer, mas precisa de mais suporte para fazê-lo. É por isso que seu vizinho tem mais poder do que o anúncio no jornal ou o vendedor.

Altos níveis de confiança – saúde, casa, dinheiro

Essas três áreas da vida definem seu bem-estar, sua segurança e sua qualidade de vida em geral. Conselhos relativos a qualquer decisão importante feita nessas áreas tem de vir de alguém em quem você confia.

Se você precisa de uma cirurgia cardíaca, se quer comprar uma casa nova ou fazer melhorias na atual ou se quer fazer um investimento grande, é certo que vai procurar pessoas em quem confia.

Relembre questões relativas a sua saúde, casa e dinheiro, e identifique as pessoas envolvidas em ajudar você com essas decisões. Depois pense sobre as qualidades que permitiram que você confiasse nessas pessoas. Foi a experiência, a amizade, o histórico de atuação dessas pessoas? Ou foi uma combinação disso com seu instinto de ir em frente?

Qualquer que tenha sido o critério, é importante que você o entenda e assimile para desafios futuros – porém o mais importante é que você tente desenvolver algumas dessas qualidades ou características em si próprio.

A melhor maneira de aprender a se tornar confiável é estudar outras pessoas confiáveis.

ESTAR QUEBRADO É PERDER A CONFIABILIDADE: Se você já faliu, isso ficará registrado em seus antecedentes por 7 a 10 anos. O mundo vai se recusar, ou relutar, a confiar em você durante esse período de tempo.

Isso significa que os outros perderam a confiança em sua capacidade de assumir dívidas ou de honrá-las. Mesmo que não tenha sido sua culpa, quando se perde a confiança, as pessoas, especialmente os bancos e as instituições de cartão de crédito, realmente não se importam em saber de quem foi a culpa.

Isso dá a você uma ideia de quanto tempo leva para reconquistar a confiança em todos os outros aspectos de sua vida.

"A identidade que roubei era falsa!
Cara, não se pode mais confiar nas pessoas nos dias de hoje!"

Eu confio em meu parceiro?

Pense sobre os parceiros que teve ao longo de sua vida, tanto nas relações de negócios quanto nas pessoais. No estágio de cortejo, tudo é maravilhoso. Em um acordo comercial, você pode deixar as coisas claras com um contrato. Em um casamento, você pode criar um contrato pré-nupcial esclarecendo quem fica com o que caso o relacionamento termine.

Mas à medida que o relacionamento comercial ou pessoal amadurece, ocorrem episódios ou incidentes que podem fazer com que você repense sobre o status atual. Quando o primeiro incidente ocorre, você tende a conceder à outra pessoa o "benefício da dúvida". Inocente até que se prove culpado.

Você certamente pode conceder à outra pessoa o benefício da dúvida, mas a dúvida continuará existindo. Se ocorrer um segundo ou terceiro incidente, o benefício da dúvida pode se transformar em confronto. E se a confiança continuar a ser quebrada, o relacionamento começará a erodir.

Quando a confiança começa a evaporar, a parceria torna-se hostil. E dependendo de como a confiança é quebrada, talvez nunca volte a ser como antes. Isso mostra o poder da confiança.

Quais elementos levam à confiabilidade?

Esses elementos são aqueles que conduziram você a sua situação atual – como você confia nos outros e quem confia em você.

O PRIMEIRO ELEMENTO É: *Como você foi criado.* Sua família – seus pais e irmãos – apresentaram oportunidades para você responder e reagir. Você mentiu para eles? Você pegou coisas quando ninguém estava olhando? Você sempre fez a coisa certa ou tentou se sair bem com a coisa errada? E durante quantos anos essas ações ocorreram? Pequenos erros de julgamento repetidos ao longo dos anos levarão ao fracasso.

O SEGUNDO ELEMENTO É: *Quem você escolhe para se associar.* Seus amigos, parentes. Que tipo de pessoas são? Como é o caráter delas?

O TERCEIRO ELEMENTO É: *Pessoas de influência* – seus professores, seu padre, pastor ou rabino, seus heróis, seu mentor. Essas pessoas lhe deram conselhos que você aceitou ou ignorou, e os conselhos construíram ou modificaram seu caráter.

A combinação desses três elementos com suas respostas ao longo do tempo para as situações à medida que elas ocorriam, especialmente relativas a dinheiro, manter promessas e questões de honra, construíram as fundações de sua confiabilidade. Todo mundo é exposto a situações e oportunidades das quais podem tirar proveito fazendo a coisa certa ou a coisa errada.

Você já sabe qual é a coisa certa. Você certamente sabia qual era a coisa certa sempre que uma oportunidade ocorreu. As escolhas que você tem feito durante sua vida até agora determinaram sua confiabilidade para os outros.

Pare um momento e pense sobre as qualidades que você considera confiáveis. Você não precisa enumerar as pessoas. Mas precisa enumerar as qualidades e características. Isso lhe dará tanto uma ideia do que você precisa almejar quanto uma medida de onde você se encontra na escala da confiabilidade no momento.

Mais adiante no livro, apresentarei uma lista detalhada das características individuais que, quando combinadas, podem criar uma atmosfera de confiança. Aqui, quero apenas deixar claro que todas essas características se combinam para equilibrar seu caráter.

É seu *caráter* que está nas fundações de sua capacidade de gerar confiança. Seu caráter, em última análise, se revela em sua reputação.

Como você é conhecido.
Como é reconhecido.
Pelo que você é reconhecido.

É o que as pessoas podem falar de você quando não está presente. E é o que as pessoas podem falar por você como referência ou testemunho.

"Seu caráter guarda a chave de sua confiabilidade."

– Jeffery Gitomer

A seguir estão as características do que desenvolverá sua confiabilidade. Faça uma autoavaliação dando uma nota de 1 a 5 para cada uma delas.

1 = nunca; 2 = raramente; 3 = às vezes; 4 = frequentemente; 5 = o tempo todo

As pessoas recorrem a mim.	1	2	3	4	5
Quando alguém me dá uma tarefa, sempre termino no prazo ou antes.	1	2	3	4	5
Quando alguém me dá uma tarefa, sempre empenho o melhor de minha capacidade.	1	2	3	4	5
Tenho reputação de cumprir uma tarefa qualquer que seja.	1	2	3	4	5
Estou sempre no horário.	1	2	3	4	5
Sou fidedigno.	1	2	3	4	5
Sou honesto.	1	2	3	4	5
Sempre digo a verdade.	1	2	3	4	5
Quando alguém me conta um segredo, sabe que seu segredo está seguro.	1	2	3	4	5
Quando alguém me conta sobre questões de dinheiro, sabe que seu dinheiro está seguro.	1	2	3	4	5

Este teste não é especificamente para autoavaliação, é mais para uma autoconscientização. Se sua pontuação for alta, o mais provável é que você seja confiável. Se sua pontuação estiver na faixa dos 3 ou 4, você está no limite. E, se estiver na faixa dos 2 e 3, você provavelmente não é muito confiável.

Em quem você confia?

Pense sobre as pessoas em quem você confia. É um pensamento muito profundo que deve ser dividido em sub-pensamentos.

Essas são pessoas que você procuraria nos momentos de maior necessidade. Pessoas capazes de influenciar você quando toma decisões criticas da vida.

Comece pelas cinco principais.

Liste-as aqui:

1. ______________________________
2. ______________________________
3. ______________________________
4. ______________________________
5. ______________________________

Aposto que enquanto pensava nas pessoas, várias razões, até mesmo várias lembranças, passaram por sua cabeça.

A razão pela qual você talvez tenha encontrado dificuldade em preencher a lista é que nunca alguém lhe pediu para criar esta lista antes.

Você tem de pensar seriamente sobre um elemento muito profundo de sua vida – o elemento da confiança.

Em sua maioria, as pessoas da lista serão aquelas que você conhece há muito tempo – amigos ou parentes que se provaram dignos de confiança.

As atitudes consistentes dessas pessoas, especialmente nos momentos de necessidade, conferiram a elas a posição de serem confiáveis na sua vida.

PALAVRA DE CAUTELA: você pode confiar na sabedoria ou no conhecimento específico das pessoas, mas não confiar na pessoa. Por exemplo, você pode confiar no seu técnico de informática para consertar seu computador, mas pode não confiar no julgamento dele para ajudá-lo a tomar uma decisão financeira sobre um terreno que quer comprar. O técnico de informática tem o que é conhecido como confiança de competência. A experiência dele está muito além da sua e você aceita o julgamento ou a sabedoria dele; você confia que as informações e o conselho dele são válidos e acurados. A mesma confiança de competência está presente com seu dentista, seu médico, seu advogado, seu mecânico ou arquiteto. Você confia neles – mas apenas pelas informações deles, não necessariamente como pessoa.

Agora vamos voltar àqueles em quem você confia como pessoas – aqueles que fazem parte de seu círculo íntimo. Você não aceita apenas a sabedoria deles sobre um assunto específico; você aceita e respeita o conselho deles em muitos assuntos.

As pessoas em quem você confia são aquelas para as quais você menciona uma coisa esperando uma opinião. São aquelas cujas justificativas você aceita – cujos julgamentos de valor são tão poderosos que podem mudar seus sentimentos ou desejos. Porém, é mais importante entender como elas chegaram a essa posição e como conquistaram esse nível de confiança em sua mente.

A seguir estão algumas razões por que você confia nelas:

1. **Você acredita que elas têm a melhor das intenções para você no coração.**

2. **Você acredita que elas não agem em interesse próprio ou têm segundas intenções. Em outras palavras, elas não estão lhe dando um conselho com base no que é bom para elas.**

3. **Dinheiro não é um motivo do relacionamento e não é um influenciador na maneira como elas orientam você.**

4. **Vocês têm um histórico de amizade.**

5. **Vocês têm um histórico de trocas bem-sucedidas.**

6. **Você acredita que o que elas lhe dizem é a verdade – o tempo todo.**

6,5. **Existe uma sensação interior boa quando você está com elas ou falando com elas. Você tem uma intimidade verbal particular que lhe proporciona tranquilidade e paz de espírito.**

Volte e examine sua lista de pessoas confiáveis.

Ao lado de cada nome, coloque um travessão seguido de três qualidades da pessoa que fez você criar essa confiança nela.

Quem confia em você?

Todo mundo que ser confiável, e todo mundo quer acreditar que tem confiabilidade. Voltemos ao processo da lista – só que agora vamos criar uma lista que inclui as pessoas que confiam em VOCÊ devido a seu conhecimento específico e uma outra lista de pessoas que confiam em você como pessoa.

Essas são as pessoas que recorrem a mim por meu conhecimento ou experiência em um campo específico de atuação (seja contabilidade, vendas, ou manutenção de ar-condicionado):

1. ______________________
2. ______________________
3. ______________________
4. ______________________
5. ______________________

Essas são as pessoas que recorrem a mim para ajuda, apoio e por minha sabedoria dos aspectos da vida:

1. ______________________
2. ______________________
3. ______________________
4. ______________________
5. ______________________

Se você tem uma empresa ou trabalha com vendas, quer que seus clientes confiem em você o bastante para continuar fazendo negócios com você. Se você é médico, advogado ou contador, quer que seus clientes confiem em você o bastante para aceitar seus conselhos e continuar fazendo negócios com você. Esse é um nível sólido de confiança na escala "confie em mim".

A maneira mais fácil de entender como e por que os outros confiam em você é avaliando as perguntas que lhe fazem. Se as perguntas são sempre sobre seu conhecimento específico, o nível de confiança girará sempre em torno de sua experiência. Quanto mais pessoais as perguntas se tornam, maior é o nível de confiança que envolvem.

Mas de um jeito ou de outro, qualquer nível de confiança requer os mesmos elementos básicos – verdade, sinceridade, valor percebido, histórico de sucesso e a confiança da outra pessoa em você como alguém para quem dizer ok em ir adiante. Quanto mais os outros confiam em você, mais rápido você irá do ponto A para o ponto B.

Por exemplo, se você precisa de um computador novo com uma capacidade específica de memória e processamento, você pode consultar duas ou três pessoas e fazer uma "pesquisa" até encontrar o que acha que precisa.

Eu não. Eu chamo Tommy Berry. Ele é meu técnico de informática. Ele conhece minha empresa, meus sistemas e conhece a mim pessoalmente. Há quase 20 anos ele tem sido o técnico de informática que chamo. Ligo para ele, digo o que preciso e, dentro de um dia ou dois, alguma coisa aparece. E nos últimos 20 anos funcionou. Não só para mim, mas também para Tommy.

Todos na minha empresa confiam no julgamento de Tommy Berry e aceitam seus conselhos. O único problema que temos com Tommy é que gostaríamos que ele sempre estivesse lá para responder cada problema ou situação de informática instantaneamente. Esse é o único problema para nós. E a propósito, Tommy Berry e eu somos amigos também.

Vou citar uma frase que usei em vários de meus livros...

"Se todas as condições forem iguais, as pessoas vão querer fazer negócio com os amigos. E, se as condições não forem tão iguais, elas ainda vão querer fazer negócio com os amigos."

A simpatia de Tommy combinada com sua experiência em computadores e seu conhecimento sobre minha empresa dá a ele sinal verde e aceitação para proporcionar produtos e serviços. Em resumo, eu confio em Tommy.

Espero que esta breve descrição lhe dê uma ideia de por que as pessoas podem ou não confiar em você. No âmbito dos negócios, as pessoas, especialmente os vendedores, buscam ganhar confiança imediatamente, quando na verdade a confiança está muito distante em um relacionamento novo.

EIS O SEGREDO: Primeiro vem a simpatia. Depois a credibilidade. E por fim a confiança começa a surgir. Lentamente.

Se você está procurando os elementos daqueles que confiam em você, eles são os mesmos motivos pelos quais eu confio em Tommy. Eu simpatizo com ele, acredito nele e ao longo de um extenso período de tempo ele se mostrou ser tanto alguém correto como de valor. Confiável.

À medida que você avança no livro, cada página contém ideias e exemplos, pensamentos e estratégias, sabedoria e insights para você tanto se tornar confiável como ser um recurso mais valioso para aqueles com que você busca construir um relacionamento.

Porém, mais importante, existe um lado pessoal em confiar e em confiarem em você. O lado do relacionamento. O lado da família. Mãe. Pai. Marido. Esposa. Filho. Todo mundo fala sobre amor e amor da família. Muito poucos falam sobre confiança. Em minha opinião, quanto mais você confia na outra pessoa, quanto mais fé você tem na outra pessoa – maior é a capacidade e probabilidade de dar e receber amor. E de que a outra pessoa confie em você.

Quem confia em quem?

Todo mundo, inclusive você, julga valores com base no que sabe e em quem conhece. No topo da lista de valores está a confiança.

E uma vez que você entende sua relação com a confiança e enxerga o poder potencial da confiança na construção de seus relacionamentos e de seu futuro – não apenas no sucesso, mas na realização –, a busca por conhecimento para se tornar mais confiável e confiar mais se tornará uma prioridade.

"Nunca confie em ninguém com mais de 75cm!"

"Se você não tem confiança nos outros, é porque eles não a conquistaram. Se você não tem a confiança dos outros, é porque você não a conquistou."

– Jeffrey Gitomer

Que imagem você tem de si próprio?

Como você se vê?

Uma pergunta bastante poderosa quando você pensa sobre isso.

FALE SOBRE SUA IMAGEM: É uma imagem física (alto, bonito) ou uma imagem mental (decidido, confiante)? É uma imagem positiva (excelente atitude, bem-sucedido) ou negativa (fracassado, endividado)? É uma imagem do "agora" ou "do que você quer se tornar"?

Alguns de vocês estão pensando em bonito ou bonita, alguns em acima do peso ou em forma, alguns em bem-sucedido ou batalhando. Algumas imagens são de felicidade; algumas não – definitivamente não!

Praticamente nenhum de vocês incluirá confiável ou não confiável.

Menos ainda incluirá honesto ou desonesto.

E nenhum de vocês incluirá franco ou mentiroso.

O que achei interessante sobre a imagem que as pessoas têm de si próprias é que a maioria delas não quer se olhar. As pessoas não gostam do que veem ou não gostam de si mesmas. E então existe aquele eterno e inevitável espelho do banheiro.

Suponha que eu lhe dissesse que, quanto mais vívida for a imagem, mais você se aceitará e mais conseguirá ver que amanhã é a via expressa para o sucesso. Você daria ao menos uma espiada?

PRIMEIRA VERDADE – CONFIE EM SI MESMO: A imagem que você tem de si mesmo, combinada com a autoconvicção que a acompanha, é o que, e quem, você vai se tornar.

Se você examinar (ler) alguns dos livros escritos sobre autoimagem e visualização, ficará surpreso em ver que todos têm um tema comum: *A maneira mais fácil de você chegar aonde quer é criar uma imagem de si mesmo de antemão.*

O notório livro *Psycho-Cybernetics*, escrito pelo Dr. Maxwell Maltz, é um exemplo clássico do que representa a autoimagem. Li o livro na década de 1970 e frequentemente leio algumas páginas como meu compromisso com o aprendizado contínuo.

Segundo Maltz, "Reagimos à imagem que temos de nós mesmos em nosso cérebro. Mudamos essa imagem para melhor e nossas vidas melhoram. A autoimagem é mudada para melhor ou pior não apenas pelo intelecto, não pelo conhecimento intelectual, mas pela experiência".

Isso serve para qualquer aspecto de sua vida.

Se você quer sucesso...

Se você quer riqueza...

Se você quer uma casa nova...

Se você quer ser médico...

Se você quer ganhar o jogo...

Se você quer escalar a montanha...

Se você quer vencer a maratona...

Se você quer ser um ótimo pai ou mãe...

Se você quer fazer aquela grande venda...

Primeiro imagine-se já fazendo isso – ou tendo conseguido isso.

SEGUNDA VERDADE – CONFIE EM SUAS CONVICÇÕES: Você tem controle total sobre suas convicções e imagens que coloca na cabeça.

Você não só tem controle total de sua mente como pode também alterar (controlar) seu ambiente para aumentar esse controle. O lugar onde você está pode afetar a forma como você pensa.

EIS UM PENSAMENTO MAIS PROFUNDO: Se você não gosta de seu trabalho ou chefe, será extremamente difícil para você ter a imagem mental positiva necessária para a realização. Você precisa amar o que faz (ou no mínimo gostar bastante!). Como você pode visualizar o sucesso em um trabalho que não gosta ou quando trabalha para alguém em quem não confia ou que não admira?

Resposta: Não pode!

TERCEIRA VERDADE – CONFIE EM SEUS PENSAMENTOS: Se você mudar sua autoimagem em sua mente, começará a alcançar uma imagem mental e viver seus pensamentos.

Em seu livro, *Creative Visualization*, Shakti Gawain diz: "Imaginação é a capacidade de criar uma ideia, uma imagem mental ou um sentimento, ou sensação sobre algo. Na visualização criativa, você usa sua imaginação para criar uma imagem clara, ideia ou sentimento de algo que deseja manifestar.

Então você continua a se concentrar regularmente na ideia ou sentimento, ou imagem, fornecendo energia positiva até que isso se torne uma realidade objetiva... Em outras palavras, até que você alcance de fato o que vinha imaginando".

Esses dois livros repletos de sabedoria, *Psycho-Cybernetics* e *Creative Visualization*, são livros que talvez você queira acrescentar a sua biblioteca enquanto busca aprimorar sua autoimagem, reforçar sua autoconvicção, eliminar limitações autoimpostas e bloquear pensamentos de derrota. Apenas um pensamento.

"Mas, Jeffrey", você pergunta, "posso fazer tudo isso só lendo?".

Claro que não! Não é simplesmente pensar ou visualizar. Isso é só o começo. Você ainda precisa AGIR para fazer acontecer.

EIS O SEGREDO: Autoconvicção com comprometimento e paixão leva à ação – ação de concretização. Ação (com um toque de paixão e expectativa positiva) leva a resultados. E esses resultados serão a concretização de sua visão.

"A única maneira de concretizar seus desejos é AGIR. Quanto mais você confiar em si mesmo, em suas convicções e em seus pensamentos, mais ações vai empreender."

– Jeffrey Gitomer

Honestidade... uma autoavaliação

A pessoa mais fácil com quem ser desonesto é você. A razão é que, assim como todo mundo, você justifica sua desonestidade de algum jeito. Centenas de milhares de trabalhadores roubam de seus empregadores com a justificativa de que, como são mal pagos, a empresa deve a eles, e isso não vai fazer falta para a empresa porque ela tem muito dinheiro.

Estou delineando aqui a diferença sutil entre honestidade e verdade. A verdade é mais voltada para palavras e a honestidade para ações.

Ser honesto quando você está lidando com os outros é mais fácil porque sua honestidade está sobre a mesa para todos verem.

Ser honesto consigo mesmo é mais difícil porque você se justifica em particular onde ninguém pode ver.

É como tentar parar de fumar, mas dar uma fumada quando ninguém está vendo. Versões mais brandas podem ser burlar sua dieta ou colar numa prova.

Parece que a honestidade sofreu um desvio nas vendas. Quando um gerente exige que o vendedor faça 20 contatos

surpresa (ligações ou visitas sem agendamento prévio) por semana e é domingo à noite, você está preenchendo seu relatório de vendas e fez apenas 13 contatos, de alguma forma o número 21 se infiltra em seu relatório. A palavra honestidade é mais poderosa do que as palavras verdade ou mentira. As palavras "Honest Abe" (Pessoa Honesta)[1] são mais poderosas do que "Truthful Abe" (Pessoa Franca). No entanto, a desonestidade quase sempre se manifesta como uma mentira ao invés de uma ação desonesta.

Ser honesto com si próprio requer uma coragem enorme – porque significa fazer a coisa certa quando ninguém está olhando. Existe orgulho na honestidade. Existe orgulho em ser honrável. Pessoas honestas com si próprias são mais confiáveis do que as demais. E existem as pessoas em quem você confia nas horas de necessidade porque sabe que elas farão a coisa certa por você porque sempre fazem o que é certo por si próprias.

A seguir estão 3,5 coisas que farão, ou até mesmo forçarão, você a ser mais honesto consigo mesmo:

1. **Encontre um parceiro honesto e troque momentos de verdade.** Discuta aspectos da desonestidade e o que poderia ter feito melhor no passado, como planeja corrigir isso e ser melhor no futuro.

2. **Não faça autoconcessões quando ninguém está vendo.** Resista ao cigarro. Resista à cerveja. Resista ao doce. Você conhece a velha frase "Você só está prejudican-

1 N.T. A expressão "Honest Abe" usada pelo autor é uma analogia comumente empregada para pessoas honestas e refere-se a Abraham Lincoln, assim chamado por sua honestidade e integridade desde jovem e mais tarde por seu compromisso com o povo americano.

do a si mesmo", mas o fato é que não faz tão mal naquele momento e então você toma o caminho da menor resistência. Não faça isso!

3. **Diga a verdade quando uma mentira colaria e ninguém jamais saberia.** Diga a seu chefe que você fez apenas 13 ligações ou visitas surpresa. Diga a sua mãe que você escondeu dela as ações que empreendeu.

3,5. **Por mais doloroso que possa ser, volte ao passado recente e faça uma lista das vezes em que foi desonesto.** Pode ter sido colar numa prova, trapacear num jogo, pegar alguma coisa que não lhe pertencia ou bater no carro de alguém em um estacionamento e ir embora. Liste as coisas de que você "se safou" e que, em retrospectiva, não foram tão graves assim, mas que ao mesmo tempo teriam sido fáceis de evitar. Talvez fazer uma ligação ou duas e uma confissão ou outra. Ou simplesmente decidir que isso não vai acontecer mais e ir em frente.

Grande parte da honestidade é autodisciplina, determinação pessoal, sentir orgulho de quem você é como pessoa e o que cada ação representa para seu caráter.

A FÓRMULA SIMPLES É: Se isso não te deixa orgulhoso ou não é algo sobre o que você se vangloriaria para sua mãe, provavelmente é algo que você poderia fazer de uma maneira melhor, mais honrável e mais honesta.

AS 14,5 DEFINIÇÕES DE CONFIANÇA

"Autoconfiança é o primeiro segredo do sucesso."

– Ralph Waldo Emerson

As 14,5 definições de confiança

1. **O risco da confiança e de confiar – confiança é um risco.** Confiança é algo arriscado, especialmente quando você cria por outra pessoa.

Alguma vez você já confiou em uma pessoa e depois descobriu que ela traiu sua confiança? Você se sentiu usado, prejudicado, irado e basicamente eliminou essa pessoa de sua lista de confiáveis para sempre. Bem, você pode até continuar falando com ela. Ser simpático. Mas uma vez perdida a confiança em alguém, dificilmente se recobra.

Esse é o risco que você assume quando confia. Os exemplos mais fáceis de dar são um empréstimo não pago, um segredo revelado aos outros, uma confissão revelada ou uma promessa não cumprida. Você arriscou confiando em alguém, e o risco não foi recompensado. Na verdade, o risco foi desonrado. Esse é o lado negativo.

Se você examinar seu passado, provavelmente vai descobrir que a proporção entre confiança recompensada e não recompensada é de mais de 10 para 1. Assim como tudo mais na vida, o risco associado tem um potencial inerente para danos.

A razão por que começo definindo a confiança como um risco é que outras definições são arriscadas. Se você leu meus outros livros, sabe o que penso sobre riscos. O velho ditado diz: "Sem risco, sem recompensa". Meu ditado é: "Sem risco, sem nada".

Risco de Segredos. Confiar a alguém a verdade é um grande risco. Devo confiar meu segredo a você? Praticamente ninguém consegue guardar um segredo. Existe uma citação de Benjamin Franklin que diz: "Dois conseguem guardar um segredo se um estiver morto". E essa citação está bem próxima da verdade.

Risco da Confidencialidade. Você provavelmente conhece a palavra *vazamento*. Por exemplo, alguém na política que vaza uma informação para a imprensa trai diretamente a confiança que lhe depositaram. Não sei como você define esse tipo de ação. Eu chamo de perversidade, certamente não é algo que você quer ensinar a seus filhos. Mas é um exemplo clássico de desrespeito ou quebra da confiança de alguém. E pior, a pessoa que fez isso não tem nem coragem de aparecer. Razão – ela pode ir para a cadeia também.

Quem traiu sua confiança? Seja uma dica sobre ações, o lançamento de um produto, um novo design de moda, uma gravidez ou casamento a caminho, ou até mesmo coisas simples como uma festa surpresa, alguém decidiu pegar sua confiança e trair. Felizmente essas ações inapropriadas servirão como um modelo negativo para que você não seja como aquele tipo de pessoa.

Se você tiver a oportunidade de ver filmes antigos de Sherlock Holmes com Basil Rathbone no papel principal e Nigel Bruce no papel de Dr. Watson, verá que quando um cliente questiona Sherlock sobre sua capacidade de manter o assunto em sigilo, sua resposta oportuna é: "Posso lhe garantir, sou a discrição em pessoa".

Me pergunto se você pode fazer essa mesma afirmação.

Risco do Dinheiro. Você já emprestou dinheiro a alguém e não recebeu de volta? Claro que sim. Já aconteceu com todo mundo. O oposto disso é: você já tomou dinheiro emprestado de alguém e não pagou? A conclusão disso é que questões de dinheiro envolvem tanto risco quanto desapontamento. Meu pai me ensinou a não emprestar dinheiro. Ele dizia: "Filho, simplesmente dê. De qualquer jeito, é pouco provável que você receba de volta. E dessa maneira você não vai ficar desapontado". Eu recomendo que você faça o mesmo. Se não tiver condições de emprestar, não faça. É melhor dizer não e arriscar perder um amigo, do que dizer sim, não ser pago e perder o amigo.

Em todos esses três elementos de risco – segredos, confidencialidade e dinheiro – a confiança é o âmago. Se você não confia, não vai contar o segredo, não vai compartilhar a mensagem nem emprestar o dinheiro. E se você confia, ainda assim corre um risco.

Todo mundo tem o que é conhecido como tolerância ao risco. Ela determina se você está disposto ou não a arriscar, ou o quanto está disposto a arriscar.

As pessoas vão a Las Vegas e separam uma quantia de dinheiro que toleram arriscar ou perder. A maioria perde. E alguns perdem mais do que podem bancar. A cidade de Las Vegas conta com isso. É assim que os hotéis são construídos. Mas você tem uma tolerância ao risco com a qual deve lidar para entender coisas como quando mudar de emprego, quando fazer um investimento, quando comprar uma casa e, atualmente, quando vender o carro. Sua tolerância está atrelada ao risco de confiar. Reserve um tempo para identificá-la e você conseguirá fazer julgamentos melhores e mais consistentes.

2. **A confiança inicial é experimental.** Imagine o seguinte. Você está de férias na praia. Corre até a beira do mar e põe o dedão na água. A antiga expressão "testando a água". Você não quer arriscar entrar num mar muito frio ou agitado, então vai entrando aos poucos – agora já está na cintura. E finalmente depois de pular um pouco e se acostumar com a água, você mergulha. O mesmo acontece com qualquer aspecto de sua vida; a única diferença é que não há água. Você confia nas pessoas pouco a pouco até que se sente confortável e então está disposto a fazer algum tipo de acordo. Agora que você entende a si próprio, pode entender por que os outros de alguma forma hesitam em confiar em você. Eles estão testando você. Querem se sentir seguros. Querem se acostumar com você. E então vão mergulhar.

"Por que não pode confiar em mim? Se eu estivesse flertando com sua mulher, você não notaria?"

3. **Confiança é uma forma de fé.** Pegue qualquer moeda ou nota de dólar. Se examinar bem encontrará as quatro palavras "EM DEUS NÓS CONFIAMOS". Essa frase está cunhada ou impressa, por inteiro ou parcialmente, no dólar desde 1850. Os cidadãos dos Estados Unidos confiam em seu país e na sua moeda. Você pode considerar fé algo como ir a uma igreja ou sinagoga no sábado ou no domingo. Isso é apenas uma pequena parte da fé. Confiança é uma forma de fé na qual você tem de acreditar no que está fazendo e em quem está fazendo. Em resumo, você precisa ter fé no outro. Eu pessoalmente acredito que a fé antecede a confiança. Você tem fé em si próprio, você acredita em si próprio; você tem fé nos outros, você acredita nos outros – e então começa a confiar. Quando a confiança está presente, então você está disposto a assumir risco.

4. **A confiança diminui a resistência.** As pessoas resistem em ir adiante com base em seu julgamento atual de uma situação que está ocorrendo agora. Elas estão fazendo um autojulgamento assim como um julgamento transferido. Se você já ouviu alguém dizer: "Não confio em meu próprio julgamento", isso quer dizer que a pessoa não consegue se decidir, ou não é uma pessoa muito decidida. O grande e saudoso Charles Schultz definiu isso muito bem quando Lucy se referiu a Charlie Brown como "indeciso". Se as pessoas confiam em seu próprio julgamento, então obviamente a tolerância à confiança em você é desconfortável o suficiente para irem adiante. É mais fácil definir quando, nas vendas, um cliente está considerando diversas fontes e você não consegue entender porque não o escolheu. Eles ainda estão julgando, e até que cheguem a uma conclusão, vão fazer você cortar dobrado. Cada vez que você cortar dobrado, mais se exporá a julgamentos. E se o seu trabalho for dos melhores, a resistên-

cia acabará diminuindo até que finalmente farão uma escolha. Mais escolhas são baseadas na confiança do que no preço.

5. A confiança diminui as barreiras. Quando existe uma muralha entre você e outra pessoa, você não pode encarar a barreira como um problema. Você deve vê-la como um sintoma. Quando descobrir por que o sintoma está lá, chegará mais perto da confiança se conseguir diminuí-lo ou lidar com ele de alguma maneira. Se você está interagindo com pessoas ou considerando a compra de algum produto, a barreira que está à sua frente tem a palavra confiança (ou a falta dela) escrita de cima a baixo.

Nas vendas, barreiras são erroneamente chamadas de objeções. Um cliente potencial dirá: "Seu preço é muito alto", ou "Estou satisfeito com meu fornecedor atual", ou "No momento não estamos aceitando novos fornecedores". O que estão realmente dizendo é: "Eu confio mais em outra pessoa do que em você". Mesmo no caso de preço mais baixo, eles confiam naquele preço mais baixo o suficiente para fazer a compra. Se você alguma vez receber uma ligação perguntando: "Você consegue chegar nesse preço?", isso significa que seu cliente potencial não confia no outro preço mais baixo e prefere fazer negócio com você.

E como um bobo você tenta chegar no preço do outro fornecedor, abrindo mão assim de todo seu lucro por um cliente que quer fazer um pedido.

6. **Amizade leva à confiança.** Durante anos adotei o ditado: "Tudo o mais sendo igual, as pessoas querem fazer negócios com seus amigos. Tudo o mais não sendo igual, as pessoas continuam querendo fazer negócios com seus amigos." Disse a muitos prestadores de serviços inamistosos que não custa mais caro ser simpático. Isso nem se compara ao fator confiança. Você consegue se imaginar confiando em alguém com quem não tem certa amizade? Pessoalmente, não consigo. Se eu pedir a você para pensar em quem são as três pessoas de seu círculo de convivência em quem confia mais, garanto que você ou gosta delas, ou as ama, ou é amigo das três. Dizem aos vendedores júnior para "serem profissionais". Para mim, a definição de profissional é algo entre inamistoso e totalmente inamistoso. As pessoas profissionais se irritam quando você tenta ser simpático ou injetar algum tipo de humor. Evite essas pessoas.

Acredito que a amizade é um enorme tijolo das fundações da construção da confiança, e quando busco um relacionamento com qualquer tipo de pessoa, quero que errem para o lado da amizade.

Não consigo me imaginar confiando em uma pessoa mal-humorada. Posso considerar confiar em uma pessoa profissional, mas a barreira da confiança só diminui quando interajo com uma pessoa amigável. Quanto amigável você é?

7. **Relações comerciais levam à confiança.** Pense sobre seus 10 melhores clientes ou suas 10 melhores relações comerciais.

Se você trabalha com vendas, espera-se que essas duas categorias sejam a mesma. O quanto confiam em você? Se sua resposta é "muito" ou "confiam em mim implicitamente", imagino se você consegue voltar no tempo e me dizer em que dia essa confiança implícita começou. A resposta é: não consegue – porque a confiança evolui. Você faz uma promessa e entrega. O cliente precisa que um pedido seja entregue de certa maneira, em uma cera hora, e isso é cumprido com perfeição. O cliente precisa de um serviço e você está lá à disposição para executá-lo superando as expectativas. O cliente liga pedindo ajuda e você oferece a ajuda. O cliente liga depois do expediente e você responde em cinco minutos.

A CHAVE É: Cada um desses elementos constrói o relacionamento. Cada uma dessas ações constrói a confiança lentamente ao longo do tempo. Sua reputação se desenvolve como alguém confiável ou como uma pessoa que atende. Mas nenhuma das ações que descrevi constrói sozinha a confiança. Cada uma delas constrói credibilidade – atos críveis (às vezes incríveis) repetidos levam à confiança. *Quanto crível (ou incrível) você é?*

8. **Acordos comerciais baseiam-se na confiança.** Vendas e acordos comerciais não são necessariamente a mesma coisa. Um acordo comercial é uma venda de nível mais elevado ou um contrato de nível mais elevado – uma joint venture para comprar ou construir uma propriedade, a constituição de uma empresa ou acordos que requerem uma grande quantidade de confiança. Acordos comerciais originam-se da credibilidade, confiabilidade e percepção de valor. O empreendedor ou alto executivo pode perguntar, "Faz sentido ir em frente?".

Os números parecem bons. Esse é o lado lógico. Mas o lado emocional é o que conduz o acordo.

Qual é minha percepção sobre a credibilidade das outras pessoas? Quanto confiante estou de que o acordo e a parceria serão bem-sucedidos e lucrativos? Que valor eu acredito que esse acordo tem para mim e para os outros?

Depois de criar as respostas mentalmente, olho para todas as pessoas envolvidas e me pergunto: *"Eu confio nessas pessoas?"* e *"Quão certo estou de que elas são confiáveis, críveis e honradas?"*. E se acredito no acordo, o que os outros pensam? Qual é a reputação deles?

Pense em seus três ou quatro últimos acordos. Analise-os sob o ângulo de como a confiança evoluiu ou como surgiu. Esta análise irá ajudar você a solidificar seus próximos 100 acordos.

CUIDADO: Existe um fator "ganância". Diz-se que todos os comerciais da TV baseiam-se em medo, ganância e vaidade. Esse é o motivo pelo qual a mensagem é entregue. Os infomerciais clássicos são todos baseados em quanto dinheiro você ganhará se simplesmente enviar o seu imediatamente – seja um investimento imobiliário, uma operação day-trade de ações ou algum esquema de negócios que com certeza vai deixar você rico. Ganhar dinheiro e economizar dinheiro são um elemento integral e atraente da criação dessa mensagem. A ganância vai bloquear o pensamento lógico e a tomada de decisão, e a ganância é uma emoção mais excitante do que a confiança. Todo mundo conhece a expressão: "Se parece muito bom para ser verdade, provavelmente não é", ainda assim milhões de pessoas ignoram esse conselho sólido e gananciosa e cegamente vão em frente cegamente. Ou deveria dizer *cegos pela ambição por dinheiro.*

9. O histórico do relacionamento leva à confiança. Você experimenta um novo lava a seco porque o seu antigo vivia perdendo botões. Eles fazem um bom trabalho na primeira leva de roupas que você deixa. Então você decide deixar outra leva e mais outra. Então você deixa algumas roupas mais delicadas e mais caras. E certo dia eles lembram seu nome.

Pouco a pouco ao longo do tempo você cria confiança neles. E por fim brota uma amizade/relacionamento que pode durar muitos anos mesmo que eles cometam um deslize ou dois.

O exemplo que dei é do tipo que todo mundo já passou. Mas não é diferente do que você experimenta com um médico, contador, advogado, cabeleireiro, ou qualquer um com quem você lide de maneira confiável e consistentemente ao longo do tempo.

Mas o perigo é ser complacente e acreditar que alguém está dando o melhor de si quando na verdade não está. E a questão é que alguém ali em frente, ou logo na esquina, ou mesmo no fim do corredor poderia fazer melhor.

Minha preferência é manter relacionamentos leais desafiando a qualidade a cada vez. Nem sempre busco a resposta mais rápida, mas estou sempre atrás da melhor resposta.

10. Vendas baseiam-se na confiança. Se você leu meus outros livros, sabe que existem diversas linhas comuns – valor, diferenciação, amizade, credibilidade, entusiasmo e qualidade. Se todos esses elementos estiverem presentes em uma apresentação de vendas, então é possível ganhar confiança. Uma vez conquistada a confiança, instaura-se uma atmosfera de compra e cabe ao vendedor assegurar que essa interação seja concluída com sucesso. Você talvez conheça isso como fechar a venda. Não é assim que vejo isso. Vejo como o início (ou a continuação) de um relacionamento. Quando há confiança entre as pessoas, elas não precisam fechar uma venda. Em vez disso, elas concordam mutuamente, cada qual acreditando que há valor no acordo.

A maneira mais fácil de um vendedor analisar uma dada situação de vendas é perguntar, "Existe um ENCAIXE? Meu produto ou serviço se encaixa nas necessidades e condições de pagamento do meu cliente?" Se existir encaixe, conforto, confiança e compra certamente se seguirão.

Há também o fator VOCÊ NÃO ENTENDE. Imagine duas empresas vendendo o mesmo produto e um vendedor dizendo: "Você não entende. Meu concorrente baixa o preço para conseguir o negócio". A isso eu respondo: "Não, VOCÊ é que não entende. Seu relacionamento, seu fator confiança com o cliente, estava vulnerável e ele decidiu pelo preço em vez de pelo melhor".

"A porcentagem de vendas que você fecha é diretamente proporcional ao grau de confiança que você ganha."

–Jeffrey Gitomer

11. Confiança é o elo entre o sim e o não. Enquanto você não ganha a confiança de uma pessoa, a resposta dela a tudo o que você disser será não. Tudo o que você estiver tentando persuadir outra pessoa a fazer não irá adiante até que a confiança, ou alguma forma de confiança, seja conquistada.

Pode ser tão simples quanto agendar uma reunião ou convidar alguém para sair. O grau de confiança vai determinar o grau do SIM! Quanto maior o valor do que está sendo oferecido, maior deve ser o fator confiança. Um contrato de 10 milhões de dólares ou um pedido de casamento, ambos requerem confiança extrema.

12. Confiança é um sinal verde. Ganhar confiança não significa que você cruzou a reta final, mas significa que você avançou a uma velocidade significativa, que não será questionado constantemente quanto a sua validade ou valor. Um sinal verde não pisca. Somente o sinal amarelo pisca. Amarelo é um sinal de cautela.

Um sinal verde significa que você pode entregar mais informação e que sua informação será recebida positivamente. Seu desafio como uma pessoa confiável é assegurar que a informação tenha valor e seja uma aplicação significativa para quem a recebe.

13. Relacionamentos pessoais levam à confiança. Pense sobre as pessoas em quem confia em sua vida íntima (em contraposição a sua vida profissional): seus amigos, sua família, seu cônjuge ou outras pessoas importantes. Como essa confiança evoluiu?

Especialmente com respeito à família e ao cônjuge ou a outras pessoas importantes, que violações da confiança aconteceram e quanto tempo levou para que ela fosse recuperada, se foi?

Você constrói relacionamentos ao longo de um extenso período de tempo e em questão de segundos, por causa de uma ação inapropriada, ou uma inverdade, ou ambas, a confiança é quebrada e o relacionamento sofre ou até mesmo termina.

Acredito que o melhor lugar para aprender sobre atitude, lealdade, confiança e verdade é em casa. Lá estão as pessoas que significam mais para você, e curiosamente é onde as maiores violações acontecem.

Quando as pessoas consumam um casamento, dizem "Na saúde e na doença" e "Na alegria e na tristeza". Elas omitem "Dizer a verdade" e "Confiar". Por quê?

Estude essas amizades e relacionamentos em que a confiança é sólida, em que se deposita confiança cegamente. Não pense apenas sobre elas. Anote as características que tornam esses relacionamentos sólidos. Os mais sólidos evoluíram ao longo do tempo e baseiam-se em retidão, confiabilidade e verdade. Mas quero que você descubra isso por si próprio.

Uma vez feito isso, crie uma maneira de aplicar esses princípios às pessoas de quem você busca obter confiança. O insight óbvio é que a confiança é um fim, não um começo.

14. O casamento baseia-se em amor e confiança. (Este é um assunto muito delicado porque não importa o que eu diga, alguém vai discordar de mim.) Abordei meus pensamentos

básicos na seção de relacionamentos, mas gostaria de fazer um aparte sobre a confiança no casamento porque as pessoas entram nele idealisticamente apaixonadas. Entretanto com o tempo, em mais de 50% deles o amor se desgasta, esmorece ou até morre, e segue-se algum tipo de briga sobre quem vai ficar com a TV e quem vai ficar com a casa. Nesse entremeio, os filhos sofrem.

Eu certamente não sou doutor em relacionamentos, tampouco psicólogo. Mas posso falar de minha experiência ao longo do tempo. Quando a confiança acaba, o relacionamento acaba. E a despeito de esforços heroicos, raramente volta.

14,5. Confiança gera confiança – em si próprio e nos outros. A confiança tem três elementos: 1) autoconfiança; 2) confiança que você deposita nos outros; e 3) confiança que os outros depositam em você. A autoconfiança vem de todo tipo de coisas, inclusive do ambiente e das associações. Mas para mim, o principal elemento da autoconfiança é saber que tipo de pessoa você é e agir em relação a isso. Você mantém sua palavra? Você faz o trabalho? Você é correto, honesto, sincero, motivado e (é claro) confiável? Sua autoconfiança é a base de onde seus sentimentos são transferidos para os outros. E, obviamente, quanto mais sucesso você tem, quanto mais histórico de sucessos você tem, mais fácil é para você transferir confiança para os outros.

A maioria das pessoas é cética. É importante lembrar que enquanto você fala, enquanto age, outras pessoas estão julgando você ao mesmo tempo em que você as está julgando!

O julgamento delas é diretamente proporcional à disposição que têm para confiar em você.

Citando minha primeira regra: "Elas gostam de você? Elas acreditam em você? Elas confiam em você?". É muito interessante notar que a resposta para essas perguntas está sob seu controle. Se você entender que está entrando em algum tipo de relacionamento, acordo ou venda com um resultado positivo em mente, será muito mais fácil ganhar autoconfiança e confiança.

Existe também um ,5. O ,5 no elemento autoconfiança é reputação. Você tem uma reputação. E a pessoa, ou pessoas, com quem você está lidando tem uma reputação. Talvez parte dessa reputação venha de seu histórico de relacionamento com elas. Mesmo que a situação seja ideal, a reputação (o histórico) pode impedir a autoconfiança e a confiança.

Reserve um momento para examinar sua vida. Existem nela pessoas em quem você confia absolutamente e pessoas em quem absolutamente NÃO CONFIA. Se você fizer uma lista das razões pelas quais está disposto a ter confiança e pelas quais não está disposto, revelará imediatamente seus parâmetros de confiança. Por exemplo, se você receber uma ligação de um corretor oferecendo um excelente negócio, uma ação em baixa que se você comprar hoje certamente vai ganhar muito dinheiro, são grandes as chances de que você não compre nem hoje, nem nunca, dessa pessoa. Mas se você receber uma ligação de seu corretor de ações oferecendo *exatamente a mesma ação*, usando exatamente a mesma linguagem que o estranho, é mais provável que você compre devido ao fato de que confia na pessoa do outro lado da linha.

NOTE BEM: Como a confiança é algo tão subjetivo, volátil, instável e criticável, tentei definir o maior número de seus aspectos que consegui. Como é o nível mais alto da interação humana e social, também é o mais complexo.

Mas a simplicidade da confiança é que, se você não a tem dos outros, é porque não a conquistou. Se você não tem nos outros, é porque eles não a conquistaram.

O grande segredo em ganhar a confiança é descobrir por que ela não existe neste momento e trabalhar pouco a pouco para ganhá-la. Um segredo maior é que uma vez que ganha a confiança, você deve lutar para mantê-la. E o maior dos segredos é que, para ganhar confiança, você deve ser confiável e ter confiança.

"É claro que confio em você. Você tem uma cara honesta. Na verdade, você me lembra a mim mesmo!"

As 14,5 definições de confiança

A confiança está por toda parte – é onipresente e onipotente.

1. O risco da confiança e de confiar - confiança é um risco.
2. A confiança inicial é experimental.
3. A confiança é uma forma de fé.
4. A confiança diminui a resistência.
5. A confiança diminui as barreiras.
6. Amizade leva à confiança.
7. Relações comerciais levam à confiança.
8. Acordos comerciais baseiam-se na confiança.
9. O histórico do relacionamento leva à confiança.
10. Vendas baseiam-se na confiança.
11. Confiança é o elo entre o sim e o não.
12. Confiança é um sinal verde.
13. Relacionamentos pessoais levam à confiança.
14. O casamento baseia-se em amor e confiança.

14,5. Confiança gera confiança – em si próprio e nos outros.

AS 23,5 CARACTERÍSTICAS DAS PESSOAS CONFIÁVEIS

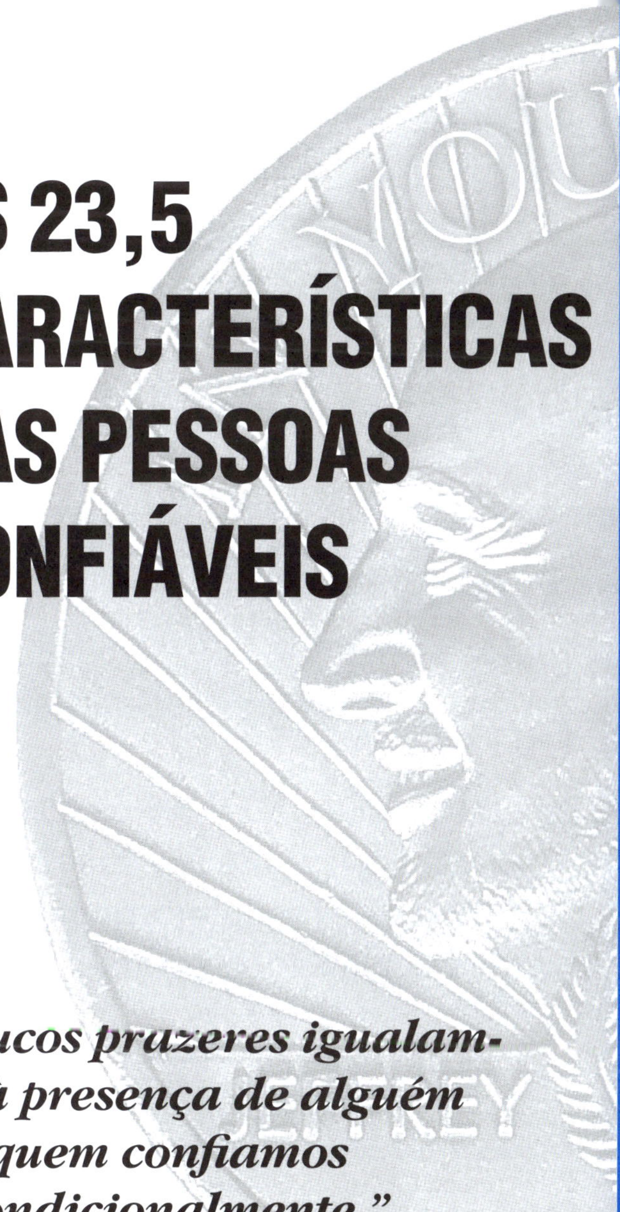

"Poucos prazeres igualam-se à presença de alguém em quem confiamos incondicionalmente."

– George McDonald

As 23,5 características das pessoas de confiança e confiáveis

Histórias esclarecem pensamentos e afirmações. Vejamos as *Fábulas de Esopo*, ele conta uma história e tira uma conclusão ou ensina uma moral. Não é diferente de ensinar confiança, entender confiança ou ser confiável.

A seguir estão as características da confiança entre humanos e as histórias que deixarão essas características claras.

Como acontece com todas as histórias, elas fazem você pensar na sua própria. Espero que façam, porque isso esclarecerá para você as características da confiança.

Quando me mudei para Charlotte em 1988, não tinha dinheiro. Tinha um contrato de consultoria e o desafio de fazer crescer a revista de negócios de outra pessoa entrevistando executivos importantes e vendendo anúncios. O primeiro de todos meus contatos de vendas foi uma ligação para Jim Riggins em sua empresa de copiadoras e equipamentos para escritórios chamada Technocom.

De uma ligação surpresa, a uma reunião cara a cara e uma hora e meia de explicação e conversa, Jim comprou um anúncio colorido de página inteira e me deu um cheque na hora. Ele então me perguntou se eu tinha copiadora. Encabuladamente, eu disse, "Não está no orçamento no momento, mas assim que estiver, vou comprar de você", e saí.

Na manhã seguinte, bateram à porta de meu apartamento/escritório. Era um entregador com uma copiadora. "Jim Riggins disse para entregar isso a você e dizer que pode usar de graça até conseguir pagar por ela." Fiquei perplexo.

Isso foi há 20 anos, um negócio valendo cerca de 250 mil dólares na época. Riggins continua sendo um amigo pessoal de confiança.

Ao longo dos anos, Jim Riggins e eu trocamos confidências íntimas, conselhos confidenciais de negócios. Fiz vários comerciais para a empresa dele e dei cursos de treinamento sem cobrar nada. E com base na entrega surpresa inicial naquele dia, continuo achando que devo a ele.

Existem muitas características de confiança nesta história – uma em especial é: **para ganhar confiança, confie primeiro.** Outra é: **uma ajuda (genuína) inesperada leva à confiança.** Outra ainda é: **a confiança aumenta lentamente com o tempo.**

Em um voo para não me lembro onde, o indivíduo sentado ao meu lado na poltrona do corredor me pareceu alguém que eu gostaria de conhecer, então começamos a conversar.

Seu nome era Walter Putnam. Ele é um agente de seguros da Northwestern Mutual Life. "Ah", eu disse, "Acabo de dar um seminário para sua divisão de saúde. Você deve conhecer Suzy Johnson." "Conheço", ele disse. "Trabalho com ela o tempo todo."

Walter me perguntou se alguma vez eu já havia feito alguma apresentação para a Million Dolar Round Table. Eu disse que não. Ele perguntou se eu gostaria. Respondi que com certeza. Ele me disse que fazia parte do comitê de seleção e que ia ver o que podia fazer.

Três entrevistas com o comitê de seleção, alguma edição da linguagem do meu conteúdo e, 120 dias depois, lá estava eu no palco principal falando para cerca de 5 mil agentes de seguros do mundo inteiro, devido ao acaso fortuito, ao networking e a Walter Putnam.

Dar valor primeiro leva à confiança.

Avance dois anos... Eu não tinha um plano financeiro e me dei conta de que já era tempo de fazer um para minha família, e percebi ainda, que meu novo amigo Walter Putnam provavelmente era a pessoa certa para ser meu planejador.

Embora eu e Walter tenhamos tido diversos encontros pessoais nos últimos dois anos, nenhum deles pode ser considerado uma visita de vendas. Um almoço. Um jogo de bola. Angariação de fundos. Socialmente. Certo dia ele veio à mi-

nha casa com sua maleta para uma visita formal de vendas. Sua primeira pergunta foi: "Quem são seus três conselheiros mais confiáveis?". Perplexo com quão desafiadora e singular foi a pergunta, eu comecei dizendo: "Walter, essa deve ser a melhor pergunta que alguém já me fez". (Note bem que sou um estudioso e um especialista da ciência de fazer perguntas que me diferenciam de meus competidores. Já escrevi dezenas de milhares de palavras sobre o assunto. E a pergunta de Walter simplesmente entrou no topo de minha lista.)

Tive de parar e pensar. Após um breve espaço de tempo, dei a ele três nomes. "Conte-me um pouco sobre cada um", ele disse. E assim eu fiz. E então Walter passou emocionalmente para o que eu me referi como segundo nível de questionamento. Ele disse: "Jeffrey, conte-me como cada um deles se tornou um conselheiro confiável para você". No final da primeira história, eu estava chorando.

No final da terceira história, eu estava mentalmente fazendo um cheque para ele. Ele tinha conquistado minha confiança tanto lógica quanto emocionalmente. E eu venho fazendo cheques para ele mensalmente nos últimos 10 anos.

Perguntas que diferenciam, especialmente em questões de dinheiro, levam à confiança.

Eu moro em uma antiga fábrica em Charlotte, Carolina do Norte. É uma construção de madeira com uma fachada de tijolos construída na década de 1930.

Comecei comprando unidades e abrindo as paredes entre elas. Eu precisava de um empreiteiro. Liguei para minha amiga Katie Tyler e pedi uma recomendação. "Mike Allen da Twelve Stone Construction", ela disse sem um momento de hesitação. "Ele vai ser perfeito para você."

O primeiro projeto que dei para Mike foi simples – abra um buraco na parede entre duas de minhas unidades e monte duas portas antigas nele. Seu trabalho foi excepcional, mas sua limpeza na obra foi extraordinária. Ele deixou o lugar mais limpo do que quando começou. E não estou me referindo a depois de terminada a obra – estou me referindo ao final de cada dia de trabalho.

Tenho acompanhado obras desde que era criança. Meu pai construía casas e tinha uma fábrica de armários de cozinha. NUNCA vi nada igual ou conheci um empreiteiro como Mike Allen.

Desde o primeiro trabalho que dei a ele 10 anos atrás, houve 100 outros. Eles variaram de uma escada em espiral de 4 metros de altura a patchwork em drywall. Durante esses 10 anos, eu criei confiança em Mike Allen e também tive a oportunidade de conhecê-lo como pessoa. Parte de sua vida é o trabalho missionário. Ele é um homem de família. É um estudioso. (Ele lê meus livros.) E somos amigos. Sua competência, sua habilidade excepcional e (sim) sua limpeza extraordinária me levaram a confiar nele.

Competência e habilidade excepcional levam à confiança.

Eu precisava de um plano de sucessão. Tenho um pouco de dinheiro agora e queria assegurar que os detalhes de coisas como um testamento, uma confiança para algumas de minhas peças de coleção e meus últimos desejos sobre quem herdará o que, fossem escritos de um modo menos governo-intrusivo possível.

Tenho vários amigos de longa data advogados em Charlotte especializados nesse tipo de coisa. Liguei, marquei algumas reuniões e disse para cada amigo que iria escolher apenas um entre eles. Rick Marsh, meu amigo jurídico e pessoal há 20 anos, veio.

No que diz respeito a credenciais, Rick Marsh é um advogado com especialização em tributos. Também é diplomado em contabilidade e tem um MBA. Não muito insignificante. Ele entrou. Nos cumprimentamos com largo sorriso. Trazia uma pasta recheada.

E antes que eu pudesse dizer qualquer coisa além de gracejos, ele tirou uma foto 5x7 de um prédio do governo em uma pequena moldura dourada e pôs em cima da mesa.

"Você sabe que prédio é esse?", ele perguntou. "Na verdade não", eu disse. "Parece de alguma coisa do governo."

Marsh replicou, "Esta foto é do prédio da Receita Federal. Estou lhe dando de presente. Quero que você deixe em um lugar da sua mesa onde possa ver todos os dias e pensar sobre isso... No final de sua vida, uma de duas coisas vai acontecer. Ou o governo vai ficar com seu dinheiro, ou seus filhos. Estou aqui hoje para garantir que o dinheiro vá para as crianças".

"Você está contratado!", eu disse.

Sem dúvida a de Rick foi a mais criativa e atraente apresentação de vendas que já testemunhei. Sim, ainda tenho a foto em minha mesa. E depois de dois meses de vai e vem, de dados e detalhes, todos os documentos estão prontos e assinados. Sinto como se tivesse tirado o peso do mundo de meus ombros. E sinto que escolhi a pessoa certa, com uma paixão para garantir que estarei protegido. Confio inequivocamente em Rick Marsh.

A verdade sincera leva à confiança, a criatividade leva à confiança e UAU! leva à confiança.

Fui a um café da manhã de peso em Charlotte, Carolina do Norte, para ouvir Arthur Blank, cofundador do Home Depot, fazer um discurso inaugural para os empresários mais proeminentes da cidade. Terminado o discurso, ele pegou seu cheque polpudo de honorários e foi jogar golfe com Arnold Palmer. O horário do jogo e do discurso eram tão próximos que ele apareceu para falar vestindo uma camisa de golf.

De dez sentados em minha mesa, havia duas pessoas que eu conhecia. Um gerente do meu banco na época, o First Citizens, que mudou para o Scottish Bank, e um jovem empresário chamado Brian Parseley. Brian havia acabado de vender seu negócio, uma empresa na Internet de recrutamento e recolocação, e estava procurando algo novo para fazer.

Duas coisas aconteceram naquele dia. O gerente me ofereceu um empréstimo para manter nosso relacionamento. (Eu peguei e ainda tenho essa linha de crédito até hoje. Isso foi em 1999.) E Brian e eu conversamos. Ele deu sinais de que gostaria de experimentar ser um palestrante profissional. "Vá a meu escritório", eu disse. "Fique lá por um tempo e veja se gosta." Ele o fez, e está por lá desde então. Ele começou como gerente comercial. Passei para ele algumas palestras que minha agenda não comportava e permiti que usasse meu material. Brian foi um sucesso imediato. O público o amou.

Eu o filmei, fiz um treinamento com ele, filmei de novo, fiz outro treinamento, assisti a uma dúzia de suas palestras, fiz mais 12 treinamentos, e hoje (uns 8 anos mais tarde) continuo a treiná-lo – como mentor e amigo. Brian aceita avidamente meu treinamento e responde positivamente a meus conselhos. E cada vez que fala, fica melhor.

Brian alcançou a excelência em oratória em um espaço de tempo excepcionalmente curto, com base em sua dedicação, sua vontade de aprender e sua inteligência em transferir esta sabedoria para uma plateia.

Eu confio em Brian Parseley para entregar minha mensagem, com sua nuance, para meus clientes. Ele provou sua competência centenas de vezes em todo tipo de circunstância. Eu entendo e respeito o que ele experimenta como palestrante, e espero passar os próximos 20 anos o assistindo crescer e prosperar.

Ter confiança leva a ganhar confiança.

Logo no início de minha carreira, busquei aconselhamento com meu pai. Fiz isso por que respeitava e tinha confiança nos conselhos. Era como um bônus para nós. Embora meu pai fosse um tanto cínico e negativo, isso não afetava a inteligência e a propriedade de seu conselho.

"Advogados são para aconselhamento legal, não para aconselhamento comercial", ele sempre dizia. Eu considerava esse conselho sacrossanto até conhecer Mike Aberman, um advogado simpático que parecia mais professoral do que jurista, e cujo insight vai muito além da lei.

Mike Aberman não é somente um advogado brilhante. É uma pessoa brilhante. Ele consegue olhar um contrato e me dizer quais serão as ramificações daqui a cinco anos. Ele examina o propósito, o conteúdo, a legalidade, o impacto, as ramificações, as consequências e o espírito de tudo que coloco em sua frente. E faz isso com uma rapidez incrível.

Ele quebrou minha barreira contra aceitar conselhos comerciais de um advogado. E essa barreira continuará quebrada enquanto nosso relacionamento existir.

Nesses dez anos, Mike Aberman também tornou-se meu amigo. Tomamos café ou almoçamos juntos ocasionalmente, e todo ano o convido para a festa de Natal de minha empresa (embora sejamos ambos judeus).

Conhecimento superior e ajuda genuína levam à confiança.

Recebi uma ligação em um sábado de manhã de meu gerente do First Citizens, William Braddy. Nos encontramos na lanchonete Einstein's Bagels, onde ele me disse que o banco decidiu não ter mais eu e a minha empresa como clientes, e o mesmo se aplicava a diversos outros empresários cujas contas ele gerenciava. Como resultado, ele estava deixando o banco.

Puxa! Braddy era meu gerente e meu amigo há 6 anos, e o First Citizens meu banco há 17.

E agora?

William me disse que havia agendado uma reunião com um amigo seu que trabalhava no banco Wachovia e me garantiu que eles acolheriam minha empresa. Após várias semanas tentando sem sucesso entrar em contato com uma pessoa cujo cargo era "Gerente de Patrimônio", me senti frustrado com sua falta de prontidão em responder. Evidentemente meu patrimônio não era tanto assim.

Mandei um e-mail para as pessoas com quem esse indivíduo lidava no banco explicando minha frustração. Uma hora mais tarde, uma mulher chamada Cameron Williams (agora Cameron Uher) me ligou para assegurar que o banco certamente queria minha empresa como cliente, que ela certamente ficaria a cargo disso e que as coisas certamente começariam a acontecer mais rápido. Ela estava certa.

Após uma série de entrevistas e o escrutínio normal dos bancos, recebi um empréstimo de curto prazo, uma linha de crédito e uma nova hipoteca para substituir aquela existente em outro banco cuja última e maior parcela estava para vencer, literalmente dentro de uma semana.

Em resumo, Cameron Uher resgatou o bem-estar financeiro de minha empresa. Desde então ela tem sido uma das pessoas mais responsivas, atenciosas, proativas no universo bancário com quem já tive o prazer de lidar. Confio em sua palavra e respeito sua habilidade e vontade genuína em servir.

Um serviço superior leva à confiança, compreensão leva à confiança e disposição em ajudar leva à confiança.

NOTA PARA EMPRESÁRIOS: Para aqueles de vocês que enfrentaram ou estão enfrentando uma situação semelhante à minha, quero que saibam por que saí de um relacionamento de 17 anos com um banco em 24 horas. O banco Wachovia e as pessoas que designou para cuidar de minha conta, incluindo Cameron, entenderam meu negócio e se mostraram dispostos a fazer alguma coisa para ajudá-lo. Existem muitos bancos que alegam, em sua propaganda politicamente correta, "Nós entendemos seu negócio", mas muito poucos, na hora de entrar em ação, estão realmente dispostos. O banco Wachovia estava. Se você é um empresário, talvez queira ligar para Cameron.

Eu tenho um Lexus. Eu poderia ter qualquer carro, mas escolhi o Lexus por causa do serviço e da confiabilidade deles. Não qualquer Lexus – um Lexus da Hendrick Lexus de Charlotte.

Na Hendrick Lexus, Brian Gendron é o gerente, Chris Calder é o gerente de serviços e meus dois vendedores são Gant Howell e Butch Hammet.

Dá a impressão de que eu sou um grande cliente. Mas na verdade não sou. Só comprei dois carros para mim nos últimos dez anos. Por viajar e dar palestras, guio em média apenas 3.200 km por ano. (Encho o tanque apenas uma vez por mês.)

Comprei meu primeiro Hendrick Lexus sedã e quando passei o carro para minha filha Rebecca, nove anos atrás, tinha rodado apenas 38.500 km com ele.

Em 2007, comprei um novo Lexus vermelho. Um ano mais tarde, pensei na possibilidade de negociar o carro e trocar por um novo porque ele tinha apenas 3.200 km. Liguei para Butch e disse a ele o que queria fazer, e fui até a concessionária encontrá-lo, achando que por mil dólares eu poderia ter um modelo novo. Butch me informou que o custo da brincadeira seria de 9 mil dólares, disse que o desenho era exatamente o mesmo e me aconselhou a esperar um par de anos até que valesse mais a pena negociar a troca.

Lembre-se de que Butch Hammet, por mais que seja um cara bacana, é vendedor de carros. E só é pago quando vende um carro. Mas acontece que ele é um vendedor de carros com consciência.

Fiquei feliz por ele ter sido tão honesto comigo e fui embora sem um carro novo. Noventa dias mais tarde, minha filha Stacey, que mora em Palm Beach, na Flórida, tinha um carro cujo leasing ia expirar. Ela estava procurando um Lexus. Então liguei para a concessionária do Lexus em Boca Raton e pedi para falar com o gerente de vendas. Um sujeito aten-

deu o telefone e a primeira coisa que me disse é que eram o maior revendedor Lexus do país e que poderiam me oferecer um excelente negócio, o menor preço do país em qualquer modelo Lexus que eu quisesse, blá, blá, blá. Eu disse: "Ótimo. Gostaria de um IS25 branco com banco de couro cinza e GPS".

Dois dias mais tarde ele me liga de volta para me lembrar novamente que eram o maior revendedor Lexus dos Estados Unidos. Me diz que não tem um IS25 branco com banco de couro cinza e que não consegue encontrar um com GPS em nenhum lugar do Sudoeste. Ele me pergunta se eu estaria disposto a pegar outra cor (que eu não queria), porque eles teriam para pronta entrega. Pedi a ele que continuasse procurando um branco. Ele concordou, disse que me ligaria de volta e desligou. Ele nunca mais ligou.

Quatro dias mais tarde, liguei para (honesto) Butch na Hendrick Lexus em Charlotte. "Butch, você pode vender um carro para alguém que mora na Flórida?" "Claro", ele disse. "Por acaso você tem disponível um IS25 branco com banco de couro cinza e GPS?" "Vou checar", ele disse.

Ele volta para o telefone depois de um minuto e diz: "Tenho! Posso vendê-lo a você por $XXXX", (que era várias centenas de dólares a MENOS do que na Lexus Boca – o maior revendedor Lexus dos Estados Unidos –, e eu disse: "Vou ficar com ele".

Stacey pegou o carro, guiou de Charlotte até a Flórida sem nenhum problema e agora leva o carro para revisão em qualquer concessionária, MENOS na Lexus Boca.

Voltando a Butch Hammett. A honestidade e integridade de Butch o manteve como "top of mind", e combinado com minha experiência passada na Hendrick Lexus, criou uma oportunidade de venda (compra).

A característica importante sobre esta história de confiança é que eu confio na Lexus, confio no carro em si (é meu amigo há dez anos e nunca me deixou na mão) e confio em Butch e em todas as pessoas da Hendrick Lexus. Se alguma vez você já teve uma experiência desagradável em uma concessionária de carros e acredita que todas elas são basicamente a mesma coisa, ligue para a Hendrick Lexus; você terá uma perspectiva diferente.

Verdade e honestidade na negociação levam à confiança.

Bob Carr é um empresário. Sua empresa, a TLC em Baltimore, instala sistemas de sprinkler e iluminação externa. Recentemente, ele expandiu sua empresa para instalar iluminação de Natal e organizar a bagunça nas garagens e porões das pessoas usando uma técnica de suporte de parede, pendurando tudo o que costumava ficar no chão. As fotos de antes e depois são incríveis.

Bob é meu cliente e amigo há seis anos. Também é um estudioso do sucesso.

Ele dedica 30 dias por ano a seu próprio crescimento, frequentando seminários e workshops por todo o país. Está funcionando. Bob é bem-sucedido. Eu o respeito.

Três anos atrás, eu o ajudei a criar uma revista por e-mail que agora tem milhares de assinantes. Assim como a minha, a revista dele é postada toda terça-feira de manhã. Nunca deixou passar um número. Esse histórico mostra apenas um pequeno retrato do maior atributo de Bob: *confiabilidade*.

Bob tem 30 equipes prontas para atender e faz a seus clientes qualquer tipo de promessa com respeito a instalações e manutenção. Bob mantém sua palavra. Nas raras ocasiões em que algo dá errado, Bob assume a responsabilidade e vai pessoalmente até o cliente para resolver a situação.

Uma atrás da outra surgem histórias sobre Bob Carr percorrendo quilômetros a mais ou gastando dólares extras por seus clientes. Eu ajudei a criar dois DVDs de testemunhos para Bob, onde seus clientes contam a história da TLC. Sua dedicação à excelência conquistou o respeito e a lealdade dos clientes – incluindo a minha.

Bob também instalou suportes de parede nos meus lofts. Paul e Chris, seus marceneiros, trabalharam impecavelmente em três ocasiões diferentes. Liguei para Bob não menos que 50 vezes para pedir alguma coisa e 50 vezes Bob entregou mais rápido e melhor do que eu esperava. Bob também está sempre de excelente humor e sua atitude é admirável. (Atitude é uma das coisas que Bob estuda.) Bob Carr é confiável, respeitável, extremamente ético no trabalho, tem uma atitude admirável e está ganhando dinheiro. Me pergunto se esses atributos têm alguma coisa em comum.

Respeito e confiabilidade ao longo do tempo levam à confiança.

"Oi, aqui é Mark McDonald, servir bem é tudo para mim..." Esta é a mensagem inicial do correio de voz e um insight de seu caráter.

Mark é o Cowboy de Vendas de minha empresa de treinamento on-line, a TrainOne. Ele geralmente me acompanha nos seminários e sempre chega ao local do evento uma hora antes de mim para encontrar o cliente e deixar tudo pronto. Ele cuida de tudo, desde arrumar os livros no fundo da sala, garantir que um expresso duplo esteja me esperando quando eu chegar, até fechar contratos de treinamento multimilionários – tudo com um sorriso no rosto.

Em nossas reuniões de equipe, quando ando pela sala e peço a cada pessoa para dizer algumas palavras sobre como vão as coisas, Mark sempre começa dizendo como se sente grato por trabalhar na empresa, comigo e com todas essas pessoas maravilhosas que temos em nossa família.

Mark também é um vendedor caçador-de-oportunidades de sucesso. Ele consegue acesso aos executivos de qualquer nível das 500 empresas da Fortune e faz a venda. Ele é capaz de falar com o CEO, o chefe de treinamento, um comitê de tomadores de decisão ou com o entregador do depósito com a mesma inteligência e respeito.

Sua humildade e vontade de servir lhe proporcionam a lealdade e confiança que merece, sem nunca ter que pedir por isso. As pessoas são sinceras com Mark porque elas sabem que ele é sincero com elas.

Pessoalmente, sempre ressalto que Mark Mcdonald é uma das pessoas mais legais que já conheci.

Desejo de servir de coração leva à confiança.

Conheci Don Green dez anos atrás na reunião anual da National Speakers Association, a associação nacional dos palestrantes. Fomos apresentados por Charlie "Fantástico" Jones. Don é diretor executivo da Fundação Napoleon Hill.

Sou um estudioso e seguidor dedicado de Napoleon Hill. Tendo lido praticamente tudo o que escreveu, atribuo grande parte de minha atitude positiva a ter lido *Think & Grow Rich* dez vezes em 1972. (Parece loucura, mas funcionou.)

Convidei Don para vir a Charlotte conhecer minha empresa, minha coleção de livros de Napoleon Hill e outras coleções. Como resultado de nosso amor mútuo pela obra de Napoleon Hill e desenvolvimento pessoal em geral, logo ficamos amigos.

Ofereci-me para criar a revista eletrônica Napoleon Hill, para tornar mais conhecida a filosofia e a obra dele pelas milhares de pessoas que a cada dia visitam seu site, e ofereci fazer isso sem qualquer custo.

Achei que era o mínimo que eu poderia fazer comparado ao que Napoleon Hill fez por mim. Enquanto escrevo esta passagem, acabamos de publicar a edição semanal número 76 (que por coincidência foi postada no 4 de julho). Vou desenvolver vários outros projetos com a Fundação Napoleon Hill – alguns dos quais podem inclusive envolver remuneração.

A principal razão por que estou disposto a fazer isso é minha confiança em Don Green como pessoa.

Don está bem de vida e aposentado. Ele não precisa da Fundação Napoleon Hill; pelo contrário, ele se *dedica* à Fundação Napoleon Hill. E é essa dedicação que inspirou meu envolvimento.

Dedicação em servir e instruir os outros com base em uma convicção profunda leva à confiança.

Conheci Richard Greaves em 1981 em Milwaukee. Ele era operário de uma estamparia. Meu parceiro de consultoria, Dule Daulton, e eu recomendamos que Richard fosse promovido a gerente de fábrica.

O cliente aceitou a recomendação e nós treinamos Richard sobre as características de sucesso ao gerenciar uma fábrica.

Ele foi um aluno esforçado, grato e excepcionalmente responsivo, que ia muito além das tarefas.

Richard sentiu-se frustrado com seu empregador e eu encontrei um outro emprego para ele em uma estamparia na Califórnia.

Então, em 1983, eu decidi abrir mais uma confecção de roupas e estamparia, e imediatamente chamei Richard para dirigir a fábrica. Tudo tinha de ser feito do zero – instalação

do maquinário, departamento de arte, preparação das matrizes, tudo o mais que concerne a estamparia em tecido. Trabalhando 18 horas por dia, morando em um apartamento a três quadras da fábrica, correndo até em casa para gravar um episódio do Monty Python, Richard montou uma operação eficiente e fenomenal.

Eu voava ao redor do país fazendo vendas enquanto Richard ficava diligentemente na fábrica bebendo Mountain Dew, trabalhando turnos dobrados e superando as expectativas de produção.

Certa vez, peguei uma gripe de matar durante uma viagem e tive de tomar um voo de volta para a Filadélfia o mais rápido possível. Na noite anterior, uma nevasca muito forte deixou toda a cidade atolada em quase um metro de neve. Meu carro estava no estacionamento do aeroporto, soterrado.

Eu não tinha ideia do que esperar quando meu avião aterrissou. Tudo em que eu conseguia pensar era tirar meu carro de onde quer que estivesse encalhado e ir para uma cama quente em casa onde eu pudesse vegetar e me recuperar. Enquanto cambaleava até a esteira para pegar a mala, passando mal feito um condenado, e tomava um ônibus de transferência até o estacionamento, apavorei-me só de pensar em encontrar meu carro enterrado em 1 metro de neve.

Como não era de surpreender, esqueci onde exatamente tinha estacionado o carro e fiz o motorista do ônibus dar voltas pelo estacionamento nos lugares onde eu achava que o carro poderia estar. "Achei!", eu gritei. O estacionamento era um cobertor de neve. Todos os carros estavam enterrados, menos um.

Um dos carros estava totalmente limpo e com passagem até a via de saída desobstruída. Soube imediatamente quem tinha feito isso. Richard Greaves dirigiu 18 km da fábrica até o aeroporto, de alguma forma encontrou meu carro no estacionamento e removeu até o último floco de neve do carro e da área ao redor.

Isso foi há 25 anos e continuo agradecendo a Richard toda vez que o vejo.

Atos casuais de gentileza e o desejo de fazer o melhor trabalho possível levam à confiança.

Jessica McDougall é minha sócia, melhor amiga e diretora de criação de todos os meus projetos de livro (como este). Em seu papel como minha "arma secreta", ela me acompanha em todas as palestras e me ajuda a ficar pronto para falar. Ela é incrível como profissional e pessoa. Passamos 24 horas por dia, sete dias na semana em harmonia, às vezes durante meses.

Logo no início de nosso relacionamento, tivemos uma discussão sobre o que fazer em uma situação em particular. Ela queria de um jeito; eu queria de outro. Fiquei um tanto irritado com a insistência dela em fazer do jeito que ela queria, pois eu SABIA que o meu jeito era melhor. Depois de meia hora sem falar, ela veio até mim e disse gentilmente: "Tenho seus

maiores interesses no coração". Com os joelhos tremendo, eu agradeci e desde então sempre dei a ela o benefício da dúvida.

Jessica mostrou estar certa nos últimos três anos. Seu interesse genuíno, sua dedicação à excelência e seu coração ganharam minha confiança e muito mais.

Um conselho acurado e amizade sem prerrogativas ou expectativas levam à confiança.

Contratei Michelle (Gerard) Joyce assim que se formou, no verão de 1997.

Seu trabalho era receber e enviar faxes de minha coluna semanal publicada em jornais de todo o país. Recebíamos centenas de faxes por dia. Ela era entusiasmada. Inteligente. Tinha uma excelente atitude. Comecei a dar cada vez mais responsabilidades para ela, tal como atender telefonemas e se envolver no negócio.

Certa tarde, Michelle teve uma discussão com minha funcionária de relações públicas. Parece que a mulher de RP tinha necessidade de humilhar os outros em vez de ajudar. Ela me procurou e disse: "Não dá para trabalhar com a Michelle. Uma de nós tem que sair. Então eu a demiti e fiquei com Michelle".

Dois meses depois, a mulher que agenciava meus seminários engravidou e decidiu voltar para St. Louis. Coloquei Michelle no lugar dela. Isso foi há 10 anos.

Ao longo de 10 anos, Michelle Joyce transformou-se na melhor palestrante e agenciadora de seminários dos Estados Unidos. Ela não só agenda mais de 200 eventos por ano, como também ministra seminários e dá consultorias com base em sua experiência. Em resumo, ela ganhou minha confiança com um desempenho superior, uma capacidade superior, ano após ano.

Acredito também que Michelle bateu o recorde mundial de choro em meu escritório. Sua paixão pela excelência e desejo de se aprimorar são componentes chave em seu processo de realização. E assim como qualquer pessoa com paixão, ela é emotiva. Está sempre buscando fazer o melhor trabalho possível da melhor maneira possível, e na maioria das vezes ela faz.

Não considero Michelle uma funcionária de minha empresa. Em vez disso, eu a considero como uma filha em minha família.

Desempenho superior com paixão ao longo do tempo leva à confiança.

Meu irmão Josh é uma alma espiritual e gentil na terra. Seu jeito amigável, envolvente e reservado geram uma simpatia instantânea em todos aqueles que o conhecem.

Entre outros atributos (líder de coro, jardineiro, jogador de pingue-pongue e calígrafo), Josh é um designer gráfico de classe mundial. Por mais de 30 anos, ele desenhou tudo a mão, recusando-se a entrar na era da computação.

Quatro anos atrás, comprei um computador para ele. Relutantemente ele começou a usá-lo e descobriu que era melhor e mais rápido do que o jeito antigo.

Desde então, Josh tornou-se um especialista em design gráfico. Passou a ser um funcionário em tempo integral e uma pessoa essencial no Buy Gitomer e na TrainOne. Todo dia, algum desenho ou gráfico novo aparece com a marca registrada de excelência de Josh estampada.

Capas de livros, peças promocionais, gráficos para seminários, produtos em CD e o website Buy Gitomer, todos foram feitos de uma maneira que exibem uma continuação de minha marca e uma excelência de admirar cada vez que algo novo aparece. Desde a lata de lixo e a bola mágica das respostas sobre vendas à reestilização da capa do livro *The Sales Bible* e cada página do site Gitomer, seu talento e bom gosto superior garantiram a Josh o respeito e a confiança de todos no Buy Gitomer e na TrainOne, e me ponho no topo dessa lista.

Enquanto concluia este livro, pedi que cada um de meus produtos fosse enviado a meu retiro de escritor para fins de referência e inspiração. Cada um deles tem meu irmão Josh estampado por toda parte. Não é apenas uma imagem para vislumbrar. É uma imagem da qual se tem orgulho e gratidão.

Dedicação à excelência pessoal e maestria de uma habilidade levam à confiança.

Existe todo tipo de níveis de confiança. Obviamente, é preciso dar provas de confiança ao longo de um período de tempo, mas, uma vez alcançada, um conselho confiável de pessoas com excelência em suas profissões pode ser tranquilizador e encorajador.

Todo mundo precisa do conselho de especialistas de confiança, mas, em minha experiência, a excelência confiável deles é entregue com muito mais impacto quando há também uma amizade estabelecida.

Além das pessoas mencionadas nas histórias anteriores, outro de meus melhores amigos é Bob Salvin, empresário de primeira ordem.

Bob me ligou certa manhã para me parabenizar sobre meu artigo de primeira página no *Charlotte Observer*. Ele estava genuinamente orgulhoso de mim. Ele sabia que eu estava escrevendo em um retiro e queria me enviar por FedEx uma cópia do artigo e um saco de pistache. "Como você pode estar no melhor de sua criatividade sem um saco de pistache?", ele perguntou.

Ele não é apenas um grande amigo; ele é uma grande pessoa.

Outros amigos de confiança incluem Nikita Koloff, lutador profissional aposentado que se tornou pastor e missionário; Mitchell Kearney, fotógrafo, ou eu deveria dizer "artista" com uma máquina fotográfica; e Richards Brodie, criador do Microsoft Word 1.0, pensador, viajante e jogador de pôquer profissional.

Há também Ray Leone, instrutor de vendas de primeira ordem; Ed Brodow, um autêntico Jersey Boy, especialista em negociação, deu um dos melhores seminários sobre "como apresentar" que seu já vi.

Victoria Labalme, uma genuína nova iorquina ocupadíssima, estudou com Marcel Marceau e é uma apresentadora/atriz cativante. Giovani Livera, um dos maiores mágicos do mundo, mestre em sua arte e com uma criatividade fora de série; suas apresentações são eletrizantes.

No negócio palestras, três pessoas destacam-se como heróis – Ty Boyd, meu segundo pai, que me envolveu e me estimulou. Nido Qubein, a essência da classe, que me ensinou que o jeito certo é o melhor jeito.

E Charlie "Fantástico" Jones, que é o melhor exemplo de como falar, como viver e como morrer.

No lado escritor, meu chapéu vai para Harvey Mackay, o escritor perfeito e promotor de publicações, cujos conselhos espontâneos durante nossas conversas casuais me foram de grande utilidade.

Doc Hersey, criador de *Liderança Situacional* e autor de muitos livros, definiu o padrão de como escrever e de como criar uma empresa educativa. O Center of Leadership Studies destaca-se como padrão de excelência.

E a lista de escritor não estaria completa sem Ray Bard, cuja ideia e inspiração para o *Little Book of Sales* ajudou a lançar minha marca como autor.

Às vezes (se você tem sorte) seus clientes se tornam amigos. Jim Feltman é um deles. Ele é diretor executivo de marketing e excelente pessoa, marido, pai e avô dedicado, pensador e estudioso. Um homem que age para o bem de todos seria uma descrição melhor.

E devo incluir também nesta lista Earl Pertnoy, uma pessoa próspera, honrada, um pensador brilhante, amigo e mentor há mais de 30 anos. Nós conversamos, rimos; eu ouço, aprendo, confio e sou grato.

Dei alguns exemplos de pessoas que me inspiram, encorajam e ajudam sem expectativas. E são amigas.

Eu as amo. E confio nelas em tempos de felicidade e de necessidade.

Amizade baseada em respeito, admiração mútua, verdade e diversão leva à confiança.

A seguir estão algumas perguntas para fazer a si mesmo enquanto busca descobrir quem são seus amigos de confiança.

Quem são seus MELHORES amigos?

Quais são os elementos dessas amizades?

Como elas foram construídas?

Quem é seu MELHOR amigo de todos?

É alguém que entende você?

É alguém que está lá para você?

É alguém em quem você confia?

Existe uma característica final. É a cola que une todas as outras características e é o combustível que me permite confiar nos outros:

Eu confio em mim mesmo.

Como escritor, palestrante, empresário, um homem de ideias, um amigo e especialmente como pai e avô, acredito do fundo do coração que sou a pessoa mais confiável que conheço, e respeito a confiança que recebo e tenho nos outros.

As 23,5 características das pessoas confiáveis

Com base na minha experiência de vida, a seguir estão as 23,5 características que descobri nas outras pessoas e que me levaram a confiar nelas:

1. Para ganhar confiança, confie primeiro.
2. Uma ajuda (genuína) inesperada leva à confiança.
3. A confiança aumenta lentamente com o tempo.
4. Dar valor primeiro leva à confiança.
5. Perguntas que diferenciam, especialmente em questões de dinheiro, levam à confiança.
6. Competência e habilidades excepcionais levam à confiança.
7. A verdade sincera leva à confiança.
8. A criatividade leva à confiança.
9. UAU! leva à confiança.
10. Ter confiança leva a ganhar confiança.
11. Conhecimento superior e ajuda genuína levam à confiança.
12. Um serviço superior leva à confiança.

13. Compreensão leva à confiança.

14. Disposição em ajudar leva à confiança.

15. Verdade e honestidade na negociação leva à confiança.

16. Respeito e confiabilidade ao longo do tempo levam à confiança.

17. Desejo de servir de coração leva à confiança.

18. Dedicação em servir e instruir os outros com base em uma convicção profunda leva à confiança.

19. Atos de casuais gentileza e o desejo de fazer o melhor trabalho possível levam à confiança.

20. Um conselho acurado ao longo do tempo e amizade sem prerrogativas ou expectativas levam à confiança.

21. Desempenho superior com paixão ao longo do tempo leva à confiança.

22. Dedicação à excelência pessoal e maestria de uma habilidade levam à confiança.

23. Amizade baseada em respeito, admiração mútua, verdade e diversão leva à confiança.

23,5. Eu confio em mim mesmo.

Conselhos de negócios e vendas em que você pode confiar... e contar com

"Você pode se desiludir se confiar demais, mas viverá atormentado se não confiar o suficiente."

– Frank Crane

Encontrei alguém em quem confio

Acabei de falar com Mike Levine ao telefone. Ele está expandindo seu negócio e precisa de um gerente geral. A primeira coisa que me disse foi: "Encontrei alguém em quem confio". Ele não disse: "Encontrei a pessoa mais competente do planeta!". Ele não disse: "Encontrei uma pessoa com uma experiência incrível". Ele não disse: "Encontrei a pessoa perfeita para a posição de gerente geral".

Não. Ele disse: "Encontrei alguém em quem *confio*".

Confiança foi seu critério principal para fazer a contratação, e foi a primeira coisa sobre o que falou quando me contou a história. Obviamente era sua prioridade principal.

Devia haver milhares, talvez milhões, de pessoas qualificadas para gerente geral da empresa, mas para ele apenas um punhado, ou menos, delas se encaixavam na categoria de confiáveis.

Pergunto-me quantas pessoas, ao fazer seu currículo para um emprego ou uma mudança na carreira, usa a palavra "confiança" ou "confiável" ao descrever seu atributos. Vou dar a resposta para isso: poucas ou nenhuma.

Você é alguém (de vendas) autêntico? Provavelmente não é!

Um autêntico vendedor. Você é isso?

Você provavelmente pensa que é, e provavelmente está enganado. Tão enganado que, na verdade, quando terminar de ler isso, o sofrimento será tão intenso que talvez você realmente tome uma atitude para se tornar mais autêntico.

Todo mundo busca ser reconhecido como autêntico. Muito poucos o são.

Se eu lhe perguntasse o quanto autêntico você é, sua resposta seria "10!" em uma escala de um a dez. Mas se eu perguntasse qual é a percepção de seus clientes sobre quanto autêntico você é, sua resposta seria a mesma? Talvez um pouco mais baixa. Ou talvez muito mais baixa.

O que é ser autêntico? É algo que TODO vendedor luta para ser. A verdadeira questão é: QUANTO AUTÊNTICO VOCÊ É? Para descobrir, avalie quão próximo de 10 você está na escala de autenticidade em cada uma das seguintes 10,5 categorias.

1. **Relacionamentos duradouros com clientes.** Que porcentagem de seus clientes está com você há mais de cinco anos? Eles são uma medida de sua autenticidade e com frequência falarão para os outros sobre isso.

2. **Excelente exposição e posicionamento no mercado.** Você está posicionado de uma maneira que os outros em seu setor (especialmente seus clientes e prospectos) veem você, valor no que você faz, o que você representa e como você ajuda as pessoas?

3. **Alta reputação em seu setor.** O que as pessoas de seu setor dizem de você pelas costas? Como você é visto?

4. **Grande respeito dos clientes, dos colegas no trabalho e da comunidade.** Como aqueles de seu círculo de relacionamento próximo o veem? Qual é sua reputação entre eles?

5. **Amigável, simpático e sincero em ajudar os outros.** Quanto mais você ajuda os outros, mais sua autenticidade cresce.

6. **Confiável como pessoa.** Faz o que diz que vai fazer. Estar lá quando diz que vai estar. Ser alguém com quem os outros podem contar. Estar lá quando precisam de você.

7. **Confiável como recurso.** Ter conhecimento. Ter sabedoria. Ter contatos e uma rede informal de pessoas influentes. Ter informações valiosas e estar disposto a compartilhá-las.

8. **Percebido como provedor de valor.** Quem se beneficia com suas ações? Apenas você? Você escreve? Alguém guarda o que você escreve? As pessoas mandam-lhe coisas ou pedem uma cópia?

9. **Marca pessoal.** Qual é sua reputação? Quem conhece você? O que os outros estão dizendo sobre você? O que as pessoas

pensam quando veem seu nome? O que você quer que elas pensem?

10. Publicado e percebido como uma autoridade. Você escreveu artigos? Você escreveu um livro? Se não fez, falta para você um diferencial importante (talvez O diferencial) da autenticidade.

10,5. Recebe indicações não solicitadas regularmente. Um autêntico vendedor recebe um boletim de desempenho todos os dias. Não é seu contracheque, nem as indicações comuns – mas as indicações NÃO SOLICITADAS.

A maior pontuação é 110. Como você se saiu?

Quanto mais você é *percebido* como autêntico, maior é a chance de que o cliente, o prospecto ou o provável comprador compre de você.

EXISTE UM BÔNUS: Sua autenticidade, se alta, dará a você uma vantagem competitiva que pode impedir que o preço seja um problema.

O cirurgião mais famoso do mundo não tem que justificar preço. Ele é autêntico. Todo mundo sabe disso. E todo mundo paga quanto ele pede.

Veja você, quando lhe pergunto se é um autêntico vendedor, não estou perguntando em termos de sua percepção sobre si mesmo. Isso não é autenticidade. A autenticidade, ou ser um autêntico vendedor, vem de como você é *percebido* pelos clientes, pelo mercado e até mesmo por seus colegas no trabalho.

Existe um velho ditado que diz: Em vendas, o importante não é quem você conhece, é quem conhece você. Autênticos vendedores são conhecidos (famosos).

Se você é conhecido por seus colegas, isso não conta. Se você é conhecido por seus clientes, isso conta um pouco. Se você é conhecido por seus prospectos, isso conta. Se você é conhecido em seu setor, isso realmente conta.

A GRANDE QUESTÃO É: Como você se torna famoso? Quanto mais conhecido você for, mais será percebido como autêntico.

VOCÊ TEM SORTE: Existem medidas que você pode tomar para se tornar mais conhecido e percebido como autêntico.

NOTE BEM: Parte de ser autêntico é ser honrado e sincero. Independente do que você faça para ganhar notoriedade, se estiver abaixo de um padrão ético, ou as pessoas o virem como insincero, sua autenticidade só será percebida como de baixo nível. Sim, você será famoso, mas a questão é pelo que e como o quê?

A melhor maneira de testar sua autenticidade atual é entrar no Google.com, digitar seu nome e clicar em pesquisar. O que aconteceu? Nada? Não muito? Algumas coisas. Eu uso o Google como um medidor de notoriedade e autenticidade. Assim como fazem seus clientes. Como fazem seus prospectos. Como fazem os líderes de seu setor. Eles "googlam" (pesquisam) você, assim como você os "googla". Então sua primeira tarefa é entender que, ao ser "googlável", você está no caminho de obter algum grau de autenticidade. O Google é um boletim de autenticidade. Que nota você tirou?

A seguir estão 7,5 atitudes a tomar nos próximos 30 dias que colocarão você nos mecanismos de busca da Internet e o ajudarão a ganhar alguma autenticidade imediata.

1. **Criar um website que tenha seu nome.com.** Se seu nome já foi tomado por algum site, pense em algo que inclua seu nome, como www.ograndejeffrey.com. Ao estabelecer e construir um website próprio, você será imediatamente listado em todo mecanismo de busca do planeta. Então o que você fizer com seu site irá construir sua autenticidade. O conteúdo do site deve ser de interesse e de ajuda para seus clientes. Deve conter ideias, dicas, melhores práticas, artigos e informações que ajudem os clientes a ter sucesso. Ajudar os outros leva à autenticidade.

2. **Escrever um ensaio.** Sua capacidade de escrever sobre seu setor, sobre como os clientes usam seu produto para produzir e lucrar, ou sobre histórias de sucesso de outras pessoas, irá estabelecer você como um pensador. Escrever sobre suas filosofias irá diferenciar você dos outros. Escrever é difícil, talvez a tarefa mais difícil de um vendedor, mas isso não só contribui para sua autenticidade, como facilita as vendas. Será que o prospecto quer seu cartão de visitas e seu folheto autopromocional? Ou será que ele quer o documento que você acabou de escrever sobre como pode produzir mais e lucrar mais? Obviamente, esta é uma pergunta retórica, mas não pode ser tão óbvio, porque você não está fazendo isso.

3. **Escrever um artigo que seus clientes, prospectos ou outras pessoas do setor lerão.** Mais conciso do que um ensaio, um artigo foca em um único assunto que pode ter relação com questões de serviços, encorajamento, uma ideia produtiva, uma estratégia, uma filosofia, ou inclusive uma história de sucesso.

Seu artigo deve ser estrategicamente publicado em um periódico de comércio, em uma newsletter ou em um jornal de negócios e TAMBÉM enviado por email para todas as pessoas de sua lista de contatos. Se você não tem uma lista, o que está pensando?

4. **Uma comunicação semanal com toda a sua base de contatos.** A minha é uma revista eletrônica enviada por e-mail chamada *Sales Caffeine*. É uma assinatura gratuita que contém informações úteis sobre vendas e ideias das quais os outros podem se beneficiar. Também é viral. Ela contém informações boas o bastante para estimular um profissional de vendas a encaminhá-la para os colegas. Isso aumenta e expande minha autenticidade (e a sua também, caso você decida usar essa mídia).

NOTE BEM: O patrimônio mais valioso que você terá nos próximos 50 anos é sua lista de contatos. Crie uma, use-a para ajudar os outros a lucrar e proteja-a como se fosse sua vida.

5. **Falar numa conferência.** Não seja apenas um frequentador ou um exibidor. Falar para seus pares lhe garante uma posição de liderança e uma autenticidade inegável. Falar significa que você é um especialista ou uma autoridade, que você está preparado e que suas habilidades de apresentação são competentes o bastante para você enfrentar um grupo de pares e conquistar o coração e a mente deles.

6. **Tornar-se líder de algo.** Ao assumir um papel de liderança em um evento comunitário, em um grupo de negócios ou em um comitê, você está mostrando para os outros sua disposição em aceitar uma responsabilidade e realizar uma tarefa dando o máximo de si. Essa autenticidade é um grande passo rumo ao próximo componente crítico: reputação.

7. **Construir uma excelente reputação:** Se você somar todas as suas proezas, as suas boas ações, os boatos e todas as suas conquistas, isso será igual a sua reputação. Se você reclamar para mim que não tem muita reputação, é porque não tomou muitas atitudes para criar uma. Se você reclamar para mim que sua reputação é excelente, mas que a reputação de sua empresa deixa algo a desejar, então saia de lá. A reputação de sua empresa e a sua devem estar em total harmonia e ser totalmente congruentes, para que você tenha uma verdadeira autenticidade.

7,5. **Fingir até conseguir... QUASE.** Para ser autêntico, você deve viver autenticamente. O problema é que você não começa já sendo autêntico; você deve estudar autenticidade. Você deve empreender ações diárias que o levarão a um grau maior de autenticidade. Durante esse período de tempo, você deve parecer autêntico. Não estou dizendo para ser insincero. Estou dizendo para *viver o papel.* Não estou dizendo para você ser alguém que não é; estou dizendo: *seja alguém que você quer se tornar.* Você desenvolve autenticidade empreendendo ações autênticas, e não há nada de errado com o processo de autoconfiança de saber para onde está indo e vivenciar isso até chegar lá. Eu poderia chamar este item de "viver o papel", mas acho que é importante entender que você começará sendo alguém que não é, ou melhor, ainda não é. A autenticidade cresce... Conforme você a constrói.

EIS UMA EXCELENTE MANEIRA DE CONSTRUIR UM ALICERCE: *Ajude os outros porque isso faz você se sentir bem.* Quanto mais ajuda você oferece, mais ajuda retorna para você – não de uma pessoa, mas de todos.

O que torna você autêntico? As ações positivas consistentes que você empreende constroem sua marca pessoal e sua reputação.

NOTE BEM: A autenticidade nunca é parte do "sistema de vendas" de alguém – é por isso que sou contra sistemas de venda. Os sistemas focam o processo de "venda". Um erro. Um grande erro. As pessoas autênticas criam uma atmosfera de compra com todas as OUTRAS coisas que as levam a uma reunião de vendas.

Você é assim? É melhor ser, ou vai perder para alguém que é.

A autenticidade da venda está no vendedor. Se você é autêntico, não precisa dizer ou provar isso. Aparece e fala por si só. A parte mais poderosa da autenticidade é que, se praticada apropriadamente, fica implícita.

NOTA PESSOAL: quando vou a uma visita de vendas, minha autenticidade não é meu cartão de visitas. Minha autenticidade é meu livro. Autografado. Qual professor de vendas ou treinador de vendas consegue o trabalho – aquele que leu o livro ou o que o escreveu?

O verdadeiro apresentador pode se levantar?

Existe uma antiga expressão que diz: "Sinceridade é a chave. Se você consegue fingir isso, está feito na vida". Como apresentador, você tem a responsabilidade de entregar uma mensagem, convincente, apaixonada, com significado e autêntica com a qual o público consegue encontrar uma relação e aprender.

Conhecendo todos esses fatos fundamentais e fáceis de entender, você poderia pensar que qualquer orador é capaz de entregar uma mensagem. E estaria errado.

Assim como nas vendas, o público precisa primeiro acreditar (ou comprar) no orador antes de acreditar (ou comprar) na mensagem dele.

A chave é autenticidade *percebida*. Apresentar uma mensagem realista, relacionável e transferível. Essa é a responsabilidade de um apresentador e a esperança da plateia.

E deixe-me estourar uma bolha. Se você está pensando consigo mesmo, "Eu sou autêntico", o que você pensa não importa. Só importa o que o público pensa, e provavelmente você nunca se submeteu ao teste de autenticidade.

Bem, estou prestes a fazer isso.

Nas próximas quatro páginas estão os elementos da autenticidade. Em vez de apenas ler, por que não se autoavaliar numa escala de 1 a 10 durante o processo? Você pode "conhecer" os elementos da autenticidade, mas talvez não seja mestre neles.

Autêntico é:

- **Estar preparado em termos do público.** Não apenas em "sua fala" ou "sua história".
- **Ser honesto com o público e com você.** Às vezes os apresentadores contam uma mentira com tanta frequência e acabam acreditando que é verdade.
- **Ser verdadeiro sobre suas histórias e seus fatos.** O peixe grande fisgado parece ficar cada vez maior à medida que os anos passam.
- **Oferecer informações úteis.** Talvez você também não saiba qual informação é útil, mas o público sabe no minuto em que a ouve. É por isso que tomam nota.
- **Estar relaxado no estilo e no comportamento.** Apresentar a partir de uma posição de conforto é na verdade mais poderoso do que tentar ser impositivo. Quando você relaxa, o público relaxa, e sua mensagem é recebida abertamente.
- **Ser pessoal e envolvente em sua mensagem e em sua maneira de apresentar.** Você precisa ser verdadeiro sem ser sentimentalista. Tenha informações que afetam diretamente o público e transmita informações valiosas com franqueza.

- **Ser dinâmico e entusiasmado em sua apresentação.** Existe um poder que escapa à maioria dos apresentadores – o poder da atitude e do entusiasmo.

- **Contar histórias de uma maneira que seja relacionável.** Histórias devem ser fascinantes, encantadoras, envolventes e ter um OBJETIVO. E é melhor que seja o seu.

- **Parecer bem, não fingido ou artificial.** Autêntico não diz respeito apenas à mensagem, diz respeito ao mensageiro também. É sentir-se confortável por dentro e por fora (da pele).

- **Estar em boa forma.** 90% de seu público encontram-se em algum ponto entre acima do peso e obeso. Você não pode ser um deles e ser autêntico. Tenho certeza que muitos de vocês quando lerem este elemento da autenticidade dirão que estou totalmente errado – e tenho plena certeza que cada um dos que pensam que estou totalmente errado também está acima do peso.

- **Ser divertido.** Quanto mais divertido você for, mais envolvente se tornará, atrairá mais a atenção do público e será mais percebido como autêntico. Fazer o público rir é obter uma aprovação tácita e é sua chance de entregar fatos importantes. O final da risada é o auge da atenção.

- **Oferecer informações de valor.** Talvez você não saiba qual informação é valiosa, mas o público sabe no minuto em que a ouve. É por isso que tomam nota.

- **Contar histórias que têm relação com seu público.** Se a história não se relaciona ou se identifica com a situação ou com suas palavras, é tempo perdido.

- **Ser capaz de transferir a mensagem.** O público deve conseguir "captar", isto é, entender a mensagem. Porém, mais importante, as pessoas querem aprender algo novo que tenha um impacto positivo em suas vidas. Existem duas partes importantes nesse processo: 1. Uma informação nova, relevante, que possa ser usada imediatamente. 2. Esperança. O público deve primeiro entender o que está sendo dito, e concordar com isso, antes de se dispor a mudar a forma como pensa e/ou experimentar e aplicar isso. Cada pessoa deve pensar consigo mesma: "Entendi, concordo com isso, acho que posso fazer. Estou disposto a experimentar".
- **Assumir responsabilidade pelo desempenho.** Me mata ouvir um palestrante dizer que o "público não era bom". Autêntico é admitir que você foi péssimo.
- **Estar autoconfiante porque sua mensagem é uma ladainha decorada.** Pelo contrário, é porque você está apresentado um material autêntico, significativo para seu público e porque você é um especialista de classe mundial. É seu próprio material e você sabe como personalizar a mensagem para que tenha relação com o público.
- **Amar o que faz.** Se você não ama o que faz, ficará amargando eternamente na mediocridade. Apresentar deve ser uma paixão, e sua experiência deve ser uma paixão, caso contrário sua palestra não será.
- **Ser crível através de sua sinceridade e paixão.** Pode ser a milésima vez que você esteja falando isso, mas será a primeira vez que esse público vai ouvir.

- **Excluir-se do público.** NÃO use *nós* ou *nosso* na estrutura de sua mensagem. Sendo um apresentador autêntico, você não está na plateia, você está perante ela. Usar a primeira pessoa do plural é uma tentativa pobre e não convincente de ganhar simpatia. "Veja Mary, ela é exatamente nós." Isso me deixa enjoado. Já ministrei mais de 1.800 palestras nos últimos 15 anos. Não pronunciei as palavras *nós* ou *nosso* uma ÚNICA vez. Não precisa. O público está olhando para você como alguém inspirador, não como mais um entre eles – um especialista, não um participante.
- **Ser honrado através de suas ações e promessas cumpridas.** Não é apenas seu discurso, é sua reputação. Você é julgado antes e depois de sua fala, não apenas durante. Autenticidade é uma combinação de falar, fazer e ser.

AUTÊNTICO NÃO É: ter falta de consideração, ser comodista, ser sarcástico, ser cínico, recitar um poema que não escreveu, ser indulgente com atitudes escusas, ser arrogante, buscar aprovação ou pedir aprovação.

AUTÊNTICO NÃO É: passar mais tempo escolhendo o que vai vestir do que se preparando para o público.

AUTÊNTICO NÃO É: Tentar dar provas de si. "Faço isso há mais de 20 anos..." E daí? Ou melhor dizendo, O QUE ISSO SIGNIFICA? Se não for divertido, é melhor ser relevante para o público.

Se você conseguir provar suas alegações, as pessoas vão confiar em você e comprarão de você.

Você acabou de conseguir um testemunho... ÓTIMO! Foi de seu melhor cliente dizendo como você é bom. Agora tudo o que você tem a fazer é aprender como usar isso. Um testemunho é *a* arma mais poderosa de sua artilharia de vendas. E a mais mal-empregada – ou devo dizer maldisparada.

Se você tem a bala de prata e erra o alvo, ninguém jamais saberá que era uma bala de prata.

NOTE BEM: O testemunho é a ÚNICA prova de vendas que você tem – e é o bônus que aumenta a confiança.

Quando você diz coisas sobre si próprio, é gabação; quando outra pessoa diz o mesmo sobre você, é comprovação.

E o testemunho é a evidência sólida que respalda suas alegações sobre vendas.

PRIMEIRA PERGUNTA-CHAVE: QUANDO você usa seu testemunho?

PRIMEIRA PERGUNTA-CHAVE: COMO você usa seu testemunho?

RESPOSTA-CHAVE PARA AMBAS AS PERGUNTAS: Depende. Depende do que o testemunho diz, depende de onde você está no ciclo de vendas e depende do formato do testemunho.

CARTA TESTEMUNHAL: Livre-se dela. "Jeffrey que d-i-a-b-o-s está dizendo?", você choraminga. Estou dizendo que o testemunho em formato de carta é ótimo para pendurar em alguma parede de seu escritório. E extrair uma citação ou duas para sua proposta é mais que suficiente. MAS de longe a forma de testemunho mais poderosa é...

VÍDEO TESTEMUNHAL: A forma moderna. A nova forma. E, na minha opinião, a ÚNICA forma. O vídeo é dinâmico, vívido e convincente. Vídeo é poder. Vendas é poder. Confiança é poder.

Já assistiu a um infomercial? Os infomerciais estão CHEIOS de testemunhos. Infomerciais vendem produtos. Infomerciais dão dinheiro. Me pergunto: existe alguma correlação?

Mas existe um segredo do testemunho além do vídeo – é o CONTEÚDO. O que o testemunho "diz" determina sua validade e quando deve ser usado. A chave para usá-lo com sucesso é o senso de oportunidade. Eles são um trunfo. Um trunfo de vendas.

Um grande erro que os vendedores cometem com testemunhos é usá-los inapropriadamente. Cedo de mais é o pior deles.

Na hora errada tudo é uma loteria. *Veja o que dizer e quando dizer:*

Para agendar uma visita, o testemunho deve dizer: "Eu estava relutante até mesmo em marcar uma hora com o representante da Acme, mas pode acreditar, valeu meu investimento de tempo – me tornei, e continuo sendo, cliente deles".

Para iniciar uma venda, o testemunho deve dizer: "Meu nome é Tom Jones, sou o CEO das Indústrias Acme. Gostaria de apresentá-lo a um dos jovens mais distintos que conheço".

Para responder a uma pergunta ou vencer uma objeção, o testemunho deve ser específico. Escolha três perguntas e três objeções e arranje testemunhos que os respondam e vençam.

Para provar um argumento, o testemunho deve se usado no ponto apropriado de sua apresentação.

Para eliminar a concorrência, o testemunho deve dizer: "Costumávamos usar a XYZ Corporation, mas descobrimos que a entrega, a baixa qualidade e a demora na entrega deles acabavam custando mais caro para nós".

Com uma proposta, o testemunho deve ter três ou quatro clientes lançando uma advertência. Eles dizem ao prospecto que já estiveram na mesma situação e todos se decidiram pela Acme.

Para consolidar uma venda, ou para incrementar sua credibilidade, o testemunho deve dizer: "Temos fechado negócios com a Acme, a melhor escolha que já fizemos".

Como você prepara o terreno para o testemunho? Excelente pergunta. *Simplesmente usa uma linguagem de bom-senso, como:*

"Talvez eu não seja a pessoa mais indicada para responder isso."

"Se eles lhe disserem o que deseja ouvir, comprará de mim?"

"Isso é tudo o que precisa para fechar a compra?"

"Permita-me lhe contar através da voz de meus clientes."

"Existe alguma razão para não comprar?"

"Posso mostrar o que a XYZ disse sobre exatamente a mesma coisa?"

"A XYZ costumava se sentir assim também, mas agora eles são clientes – deixe-me mostrar o que eles disseram."

Quando você usa um testemunho, não precisa se gabar ou exagerar de novo – seus clientes farão isso por você. Quando você usa um testemunho em *vídeo*, é como se estivesse levando seu melhor cliente com você.

É uma prova. É um respaldo. É uma venda quando o vendedor não consegue fazer. É poder de venda. É um testemunho em vídeo. É poder de confiança. Use-os e leve ao banco.

Dica do Git... Quer saber mais sobre o poder dos testemunhos? Que tal uma página inteira sobre como obter testemunhos? Acesse www.gitomer.com, registre-se caso seja um usuário novo e digite a palavra TESTIMONIAL na caixa GibBit.

Entretenha, envolva, crie valor, prove e eles comprarão!

Sou um vendedor. Vendo treinamento online. Escrevo sobre vendas porque conheço e faço isso. Hoje tive duas visitas de vendas, as duas ao mesmo tempo. Uma com um cliente existente e outra com um cliente em potencial.

MUNDO REAL: Durante qualquer visita de vendas – não importa onde ela aconteça –, você está tentando qualificar o cliente e ele tentando qualificar você. Encontrei uma estratégia em que eu me qualifico *primeiro* para o cliente, para que ele se sinta relaxado, aberto e confiante sobre fazer negócios comigo.

VENDA REAL: Organizei uma reunião com um cliente e um prospecto porque senti que eles podiam fazer negócios entre si, então trouxe os dois para meu escritório com esse único propósito. Cada um poderia se beneficiar com o que o outro vendia e cada um podia vender seu produto para os clientes do outro.

Deixe-me compartilhar esta história sobre como faço vendas para que você possa experimentar vender da mesma maneira.

Tenha em mente que isso não se trata de *como* vender, isso é como *eu* vendo.

Eu os torno amigos antes de tocar no assunto negócios. Começamos a reunião com eles se conhecendo. Café da manhã, amenidades, risos, trocando histórias e descobrindo interesses comuns. Acredito que a amizade é a base para uma comunicação aberta. Sou amigável e espero que isso seja contagioso.

Estabeleço empatia com eles descobrindo interesses comuns. Uma comunicação informal torna o ambiente mais descontraído e a comunicação mais aberta. A conversa é natural, não voltada para a venda.

Vendo em casa. Mais de 50% de minhas reuniões de vendas são feitas em meu escritório, onde tenho controle total sobre o ambiente e todos os meus assistentes de vendas a minha disposição. Meu time está lá comigo se eu precisar deles e tenho uma vantagem decisiva, meus recursos à mão. Isso também elimina qualquer mistério sobre o que estão comprando, ou com o que estão se envolvendo. Minha personalidade de negócios e minha personalidade humana ficam evidentes quando estou relaxado em minha casa.

Apresento todos a todos. É importante honrar meus convidados e respeitar meus colaboradores apresentado uns aos outros e gastando alguns momentos para trocar detalhes e gentilezas. Isso cria uma atmosfera calorosa e também começa a criar credibilidade na mente dos clientes. Eles podem dizer o que estão prestes a comprar e podem conhecer com quem vão lidar.

E UAU! Os surpreendo de toda maneira que posso. Todas as minhas ações incluem um fator UAU! Empreendo cada ação da melhor maneira possível. MELHOR está em tudo que faço.

Eu os envolvo. Falo sobre o negócio deles. Procuro descobrir a situação atual deles, seus principais motivadores e os principais problemas que estão dando origem a suas ações (ou reações) atuais. Eu não sondo, mas envolvo. Ao envolver, consigo pedir respostas completas e trocar dados significativos. Acho que é justo mencionar que estudei o negócio deles de antemão para não precisar fazer perguntas estúpidas durante a reunião. E como eles já me conhecem e se sentem bem comigo, consigo obter respostas honestas e averiguar fatos importantes. Acredito também que porque a reunião ocorre em meu escritório em vez de no deles, eles se sentem mais abertos para compartilhar informações. Não consigo explicar realmente por que – simplesmente acontece.

Eu proporciono a eles um valor tangível. Eu os levo para meu estúdio e gravo uma aula real que será usada em qualquer treinamento potencial que viermos a contratar. A mensagem é preparada e redigida totalmente baseada no negócio deles e nos problemas que estão enfrentando, e enfatiza valiosos aspectos que provam que posso ajudá-los. Em outras palavras, mostro o que posso fazer por eles, não digo o que posso fazer por eles.

Provo que sou diferente do resto. Como minha empresa de treinamento de vendas ensina motivos para comprar em vez de habilidades de vendas, uma vez que ensinamos lealdade do cliente em vez de satisfação do cliente, e como enfatizamos o uso da voz do cliente como base do treinamento, somos diferentes de todos os outros que dão ênfase a modelos obsoletos. Fazemos um treinamento personalizado baseado em uma proposta de valor, não em um sistema de vendas ou em um punhado de informações desconexas.

Provo que sou melhor que o resto. Tenho testemunhos de monte. Mostro aos clientes evidências da superioridade de minha empresa. Como fazemos tudo internamente, posso levá-los até meu estúdio e preparar um demo na hora, bem na frente deles. Eles podem ver e sentir o que estão prestes a adquirir.

Eu os ajudo a fazer suas empresas crescerem. Ao reunir duas pessoas com o objetivo de fazer negócios entre si, criei uma energia em minha sala de reuniões como raramente vi. Fagulhas e cifrões flutuavam enquanto eles falavam sobre possibilidades e faziam planos para se reunirem de novo e estruturar um acordo.

Eu os entretenho e alimento. Acredito que, quando estou comendo com alguém, a conversa perde o ar estritamente de negócios. E quanto mais o cliente está disposto a tornar o relacionamento comigo pessoal, maior é a probabilidade de eu ganhar a venda. Enquanto conversamos, há frutas e queijos. A comida deixa as pessoas relaxadas.

Peço a eles pela venda, mas só depois de saber que eles estão ávidos por comprar. O nível de energia acabou ficando tão alto que eles estavam vendendo a mim e a nossas habilidades um para o outro. Eu nem precisei pedir por mais negócios – eles pediram para comprar. (UAU!)

CONCLUSÃO DE VENDAS: Meu cliente fala mais alto do que eu sobre minhas habilidades. Meu cliente é a prova de que eu posso endossar minhas alegações.

CONCLUSÃO DE NEGÓCIOS: Nem sempre estou buscando fechar uma venda – estou buscando construir um relacionamento, que em parte é um relacionamento de negócios. E as vendas se seguem. Grandes vendas.

"Deixo que saibam que confio neles, e eles por sua vez pensam em mim como alguém confiável.

Sempre lido com eles de maneira franca – mesmo que isso não me beneficie na venda.

Acrescento algo de valor no relacionamento sem esperar algo em troca."

– Jeffrey Gitomer

Um princípio que leva à riqueza – tem tudo a ver com eles.

Pense sobre a maneira como você vende e apresenta seu produto ou serviço.

Quantas vezes você acha que usa a palavra *nós*? Aposto que centenas.

Quantas vezes você DEVERIA usar a palavra *nós*? Minha resposta é ZERO.

Tudo o que você faz ou diz está no formato "nós", especialmente se tem um departamento de marketing.

O cliente está preocupado com você ou com ele próprio? A resposta é óbvia. Então por que você usa "nós nós" o tempo todo. Eles não ligam para você – A MENOS que você possa ajudá-los.

A chave para dominar qualquer tipo de venda é mudar suas declarações sobre você, sobre como você é bom e sobre o que faz, para declarações sobre os clientes, sobre como são bons e como vão produzir e lucrar mais se adquirirem seu produto ou serviço.

EIS O SEGREDO: Delete a palavra "nós". Delete essa palavra de seus slides, de sua literatura e principalmente de suas apresentações de vendas. Você pode usar "eu", mas não pode usar "nós".

EIS O PODER: Quando você para de usar "nós", precisa substituir pela palavra "você" ou "eles" e dizer coisas em termos do cliente: como eles vencem, como se beneficiam, como produzem, como lucram, como serão atendidos e como podem ganhar tranquilidade.

"Nós" é para vender. "Você" é para comprar.

IMPRESCINDÍVEL: Reveja toda a sua apresentação, grave e ouça a apresentação ativamente, o que significa tomar notas. Conte quantas vezes a palavra "nós" aparece. Aposto que MUITAS. Elimine-as e comece a fazer declarações de valor ao invés de declarações de vendas.

Eis a realidade nua e crua:

1. **O comprador, o prospecto e o cliente esperam que você conheça as coisas deles, não apenas as suas coisas.** Para transferir esse conhecimento, o prospecto precisa entender e concordar com suas ideias, sentir sua paixão, sentir sua convicção e sentir sua sinceridade além do alarde promocional da venda.

2. **Você deve conhecer o setor deles, não apenas seu produto.**

3. **Você deve conhecer o negócio deles, não apenas seu produto.**

4. **Você deve conhecer o que é novo e o que vem a seguir, não apenas seu produto.**

5. **Você deve conhecer as tendências atuais, não apenas seu produto.**

6. **Você deve conhecer o marketing deles, não apenas seu produto.**

7. **Você deve conhecer a produtividade deles, não apenas seu produto.**

7,5. **Você deve conhecer o lucro deles, não apenas o seu.**

Está dando para entender?

Eis alguns exemplos clássicos do pensamento "nós-nós":

- **Temos que ensinar o cliente.** Você realmente pensa que algum cliente no planeta QUER seus ensinamentos? Fico imaginando seus 25 principais prospectos sentados sem fazer nada e dizendo, "Cara, espero que esse pessoal lá da Acme venha aqui e nos ensine algumas coisas, porque somos muito burros".
- **Você acha que precisa falar para o prospecto sobre você, sua empresa e seu produto.** Essas são três coisas que certamente fazem qualquer prospecto dormir.
- **Oferecemos soluções.** *Ei, Albert Einstein, você acha que fico sentado aqui o dia inteiro sem fazer nada ESPERANDO que você venha me salvar com sua "solução"?* Soluções são um insulto para um prospecto.

Respostas são melhores; elas dizem respeito a uma parceria e são voltadas para o relacionamento.

- **Você se compara com a concorrência, em vez de se diferenciar dela.** Você continua vendendo suas características e seus benefícios. Mais nós-nós. Não quero características; quero valor. Não quero benefícios; quero valor.
- **Você tem uma apresentação em PowerPoint na qual mais se gaba do que prova.** Isso não vai fazer um prospecto simplesmente dormir, vai fazer dormir PROFUNDAMENTE.

O que você estava pensando? Ah, você estava pensando nós-nós.

Supondo que eles têm uma necessidade genuína e um forte desejo, tudo o que você precisa para fazer uma venda é:

1. **Respostas que eles precisam.**
2. **Ideias que os beneficiam.**
3. **Como você se diferencia dos outros.**
4. **Valor que eles percebem.**

4,5. **Confiança que eles percebem como resultado de todos os outros elementos estarem adequados.**

E tenha em mente que, enquanto isso, o cliente está qualificando você. Eles estão criando uma percepção de você enquanto faz sua apresentação. Estão avaliando o risco de comprar e fazer negócio com você. Estão formulando barreiras. Estão cientes da urgência ou não da necessidade que têm. Estão fazendo uma comparação mental entre você e os outros. Estão pensando, e o pensamento deles será sua realidade.

REALIDADE DO RISCO: Vender não tem a ver com o que você diz; tem a ver com como eles percebem o que você diz. Se o prospecto percebe que tudo só tem a ver com você, então há uma probabilidade maior de risco não declarado e um senso de urgência menor por parte deles. Se percebem que a apresentação tem a ver com eles, conseguem entendê-la e precisam do que você está oferecendo, então os riscos e as barreiras serão diminuídos ou eliminados. Isso pavimenta o caminho para a compra.

Existe uma antiga canção intitulada "Tire o L da palavra 'lover' (amado) e estará tudo 'over' (acabado)", de uma banda chamada The Motels no início da década de 1980.

PARAFRASEANDO: Tire o "nós" das vendas, ou estará tudo acabado. Para você.

"Você pode confiar em nossa garantia 'receba seu dinheiro de volta'. Simplesmente devolva a porção não utilizada de nosso produto e nós lhe devolveremos a porção não utilizada de seu dinheiro!"

Os gestores dizem que o relacionamento com os clientes é sua maior prioridade

Acabo de ler um artigo de uma firma de consultoria para uma empresa entre as 10 melhores da Fortune sobre um assunto – "os gestores dizem que o relacionamento é importante".

Bem, onde está Gomer Pyle quando você mais precisa dele?[1]* Cara, cadê a surpresa? Relacionamentos são importantes? Agora você me diz! O que eu estava pensado todos esses anos?

Esta não informação é típica de dinheiro jogado fora em consultores unidimensionais que lhe dizem o que você já sabe – mas não UMA ÚNICA COISA ou PALAVRA sobre o que fazer sobre isso.

Essas são as mesmas pessoas que pensam que é importante "medir" a satisfação do cliente. Isso não é apenas um desperdício de dinheiro e tempo. É uma piada. Tem tudo a ver com lealdade do cliente.

Duas palavras estão faltando nessa conversa fiada de "relacionamentos são importantes", palavras que esclareceriam o

1 N.T. Gomer Pyle - personagem que deu nome a uma série americana da década de 1960. Uma comédia de costumes sobre as peripécias de um frentista ingênuo e afável do interior dos EUA que se alista na Marinha na época da guerra do Vietnã.

assunto e economizariam centenas de milhões em consultores que não têm ideia do que fazer e gestores que continuam focando apenas nos sintomas ou resultados desejados, em vez de lidar com os verdadeiros problemas. As duas palavras são: RESPOSTAS REAIS.

Muitas empresas me dizem que têm *excelente* relacionamento com seus clientes. Muitos vendedores me dizem que têm *excelente* relacionamento com seus clientes. Essas *mesmas pessoas* perdem pedidos por *preço* para os clientes com quem têm *excelente* relacionamento. *O quê?*

VERDADE NUA E CRUA: Se você perde o pedido de um cliente por preço, então NÃO TEM RELACIONAMENTO. Você está com sorte! Posso ajudar você e seu cliente indiretamente. Mas deixe-me ajudar você primeiro, porque você não se importa mesmo com eles.

Na verdade, você espera que eles nunca descubram quão ignorados são para que você continue a golpeá-los. Eles podem continuar a culpar a perda de clientes por causa do preço e um punhado de outras coisas erradas. Eles continuaram culpando ao invés de assumir a responsabilidade.

Em 1998 escrevi o livro *Satisfação do Cliente NÃO VALE NADA, Lealdade do Cliente Não Tem Preço.* Não fiz isso para chocar; fiz isso pela realidade do que constrói um relacionamento: lealdade. E para conseguir lealdade, você deve oferecer primeiro. Isso é a base de um relacionamento. E para seu conhecimento – relacionamentos não são meramente "importantes", são o alicerce de uma empresa sólida e bem-sucedida.

Você sabe o que fazer. Faça.

Dica do Git... Preparei uma lista adicional de ideias sobre relacionamento. Para ver a lista, acesse www.gitomer.com, www.gitomer.com, registre-se caso seja um usuário novo e digite a palavra CUSTOMER WANTS na caixa GibBit.

Em vez de simplesmente dizer para você o quão importantes são os elementos que fazem os relacionamentos acontecerem (porque você E o resto do mundo já sabem isso), aqui, para SEU benefício, estão os elemento em si:

1. **Crie uma relação comigo.** Conheça minhas necessidades e problemas. Engaje-me mostrando outros clientes que estão se beneficiando em fazer negócios com você.
2. **Prepare-se para mim.** Mostre-me que você fez sua lição de casa sobre minha situação, não apenas sobre a sua.
3. **Não desperdice meu tempo.** Não me pergunte o que poderia ter descoberto sozinho.
4. **Diga-me a verdade.** A verdade leva à confiança. Eu preciso confiar em você para ter um relacionamento com você.
5. **Diga-me como posso usar seu produto ou serviço para construir meu negócio.** Quero saber como posso produzir em meu ambiente.
6. **Diga-me como posso lucrar com o relacionamento.** Quero saber como posso lucrar comprando. E quero saber que você o sabe.
7. **Mostre-me o valor, não apenas como funciona.** Quais são os elementos de valor associados a seu produto ou serviço que têm relação comigo.

8. **Torne fácil para mim fazer negócios com você.**

9. **Disponibilize o serviço quando eu precisar dele.**

10. **Seja amigável comigo.** Se vou estabelecer um relacionamento com você, quero que seja amigável.

11. **Responda rapidamente.** Se eu chamar você, é porque preciso de você e preciso de uma resposta agora.

12. **Entregue no prazo.** Quando você me diz que vou receber, eu espero isso. E isso ajuda a reforçar meu sentimento de que você pode atender minhas expectativas.

13. **Tenha respostas para mim quando eu precisar delas.** Eu tenho dúvidas sobre como seu produto funciona.

14. **Mantenha-se em contato comigo.** Mantenha-me informado de forma proativa. Torne suas mensagens mais sobre mim do que sobre você.

15. **Mantenha-me informado quando as coisas ou as tecnologias mudarem.** Mantenha-me informado sobre como posso estar à frente, mesmo que isso signifique gastar mais.

16. **Mantenha suas promessas.** Se você me disser que algo vai acontecer, faça acontecer.

17. **Seja um parceiro, não um fornecedor.** Conte-me como vamos trabalhar juntos. E então prove isso com seus atos.

17,5. **Sirva-me.** Preciso sentir que o serviço no pós-venda é mais importante do que a emoção que levou ao pedido.

O limite do relacionamento... Você está próximo, dentro ou passou dele?

Começar um relacionamento é fácil.

A exploração acontece predominantemente na superfície. Não há nada muito profundo, nada muito amplo e nada muito revelador. No começo, tudo está bem. Amizades florescem, sentimentos emergem. A vida é boa.

É como dançar em uma balada. Você conhece a pessoa sem tocá-la. Você observa como ela se move, o ritmo dela, troca sorrisos, berra uma palavra ou duas enquanto dança e, no final da música, comenta alguma coisa e volta para seu lugar.

Você teve um primeiro contato com a pessoa e vai decidir se quer dançar de novo ou não. Se gostou dela e acredita que tem algumas coisas em comum, talvez dance outra vez. E mais outra.

Se você se sente bem sobre o relacionamento, e surge um pouco de confiança, talvez permita que ocorra uma transação – um encontro, um jantar, uma venda, ou num ambiente social, até mesmo um beijo.

Conforme o relacionamento amadurece, fatos e verdades começam a se revelar, fazendo com que se tome decisões sobre o futuro do relacionamento, inclusive coisas como sua duração.

E então, certo dia, você começa a ver coisas que nunca viu antes, porque a vida entra na rotina e a realidade aparece nas transações e interações diárias, combinada com paciência, emoções, sentimentos e respostas.

Eu me refiro a isso como *limites*. Você tem *limites*, ou níveis, dos quais você não passa: níveis de tolerância, níveis sociais, níveis filosóficos e níveis de negócios. Se alguém tenta passar dos limites com você, de seu nível de tolerância, você, de alguma maneira, repele ou evita essa pessoa. Às vezes até a rejeita.

Sua compatibilidade com os limites da outra pessoa, combinados com sua aceitação dos limites dela, determinarão se o relacionamento vai crescer ou acabar.

Por exemplo, eu não fumo. Nem sou de beber. Ficar perto de um fumante que bebe, passa dos meus limites e eu não quero ter de fazer isso muito. Eu não disse nunca. Disse apenas muito.

Talvez eu tenha um relacionamento comercial com um fumante que bebe, mas nunca terei um relacionamento social com essa pessoa.

Existem também limites éticos, ambos pessoais e comerciais. Se alguém passa de seu limite ético, você tem uma reação, geralmente aguda, que diz "perigo". Pode ser tão "inocente" quanto trapacear na pontuação no golfe ou tão sério quanto fraudar impostos ou não pagar contas, mas o que quer que seja, é um transgressor de relacionamento.

E existem também os limites emocionais – como alguém reage quando algo dá errado, ou como alguém responde a uma discussão, e como você se sente sobre a reação dessa pessoa.

A pessoa é lamurienta? Esquentada? Agressiva? Abusada? Um tipo inconstante que muda de humor o tempo todo, ou pior, que mostra características que você ou não gosta ou tem medo? Raiva. Hostilidade. Vingança. Até mesmo ameaça de violência física.

Em outras palavras, isso está dentro (seguro) ou fora (inseguro) de seu limite emocional?

LIMITES TÊM UM CONTRAPONTO: Tolerância.

Você pode tolerar praticamente qualquer coisa durante um curto espaço de tempo. Mas cada vez que alguém passa de seu limite, você fica menos tolerante, seja verbal ou silenciosamente.

Pessoalmente, acredito que pensamentos "passou do limite" silenciosos são mais perigosos e poderosos. Mais perigosos porque, como deixam de ser mencionados, permitem que a situação presente continue. E mais poderosos porque começam a aprofundar e exacerbar emoções.

E, assim como qualquer força latente, acabam explodindo.

Quais são seus limites? Como você os delimita? O que você está disposto a aceitar dos outros para continuar um relacionamento? Muitos relacionamentos matrimoniais tornam-se mesquinhos antes de terminar – deixar a pasta de dentes destampada, roupa suja espalhada pela casa, a pia cheia de louça, o tanque do carro vazio – coisas bobas que erodem o amor porque, depois de centenas de situações desgastantes, isso passa dos limites de alguém.

Certamente, existem limites piores nos relacionamentos pessoais. Para os fins deste livro, prefiro não abordá-los. Se você esqueceu quais são, assistir a qualquer noticiário todas as noites irá lembrá-lo.

Em vez disso, desafio você a ampliar a abrangência de seus limites aceitáveis. Aumentar sua paciência.

Descubra como pode ajudar primeiro, em vez de reclamar, resmungar, brigar, implicar ou lamuriar. Descubra como pode ser um pouco mais compromissado. E descubra como pode ser mais um recurso do que um obstáculo, mais um sim do que um não.

Seus limites pessoais determinam os limites de sua empresa e carreira. E de sua felicidade.

Como fazer um relacionamento de confiança florescer

Quando você fecha uma venda, a primeira coisa que faz é comemorar a vitória. Isso é bom por um ou dois minutos, mas depois você tem de fechar mais vendas.

O que você *deve* fazer depois de uma venda é determinar como ela foi concretizada e *por que* o cliente comprou de você. Essa informação crítica conduzirá você para a próxima venda na metade do tempo. Ou menos.

Se eles gostarem de você, acreditarem em você e tiverem confiança em você – então talvez comprem de você.

Os clientes compram porque confiam em você; mas, para você ganhar esta confiança, primeiro eles precisam gostar de você E acreditar em você. Se esses elementos não estiverem presentes, a confiança (ou confiança suficiente para comprar) não se seguirá.

CUIDADO: Existe uma variação nesta lei. Em vendas, confiando ou não, alguns clientes simplesmente optarão pelo menor preço. Evite essas pessoas.

Nos relacionamentos de negócios, por que uma pessoa confia na outra? Confiança é uma percepção e uma compreensão. Baseia-se nos sentimentos e percepções iniciais do prospecto – sendo a percepção de valor uma das mais importantes. Em vendas, se o prospecto sentir valor, então começará a acreditar, ter confiança e *talvez* até mesmo comprar.

Relacionamentos são baseados em confiança – compromissos e interações ao longo do tempo, assim como palavra e feitos. Baseiam-se em um histórico de desempenho. A confiança não é dada, é ganha, conquistada. E não se ganha confiança num dia – ganha-se dia a dia.

Você pode levar dois anos para ganhar a confiança de alguém, mas basta um minuto para perdê-la. A diferença está em três letras. DES – confiança ou desconfiança.

Por que você confia em alguém? Pense sobre os critérios em sua mente que criam a permissão para confiar em alguém. Então pense nas pessoas em quem confia e pergunte-se *por que eu confio nele ou nela?* Credibilidade? Consistência? Amizade de longa data? Uma pessoa benevolente? Uma pessoa sincera? Uma pessoa compreensiva? Uma pessoa em cujas palavras, pensamentos e ações você confia e com quem conta em um momento de necessidade? É uma pessoa que faz essas coisas por você sem qualquer motivação? Sem qualquer interesse ? Sem qualquer expectativa de obter algo em troca?

Confiança não é algo complexo. Muitas das respostas que lhe vêm a mente sobre por que você confia nos outros podem conduzi-lo a uma estratégia para se tornar alguém confiável.

A seguir estão alguns elementos simples da confiança que você deve DOMINAR para permitir que um relacionamento de confiança floresça:

DIZER A VERDADE: Este é o elemento número um da confiança E dos relacionamentos. Uma vez violada, a confiança desaparece e pode nunca mais voltar.

ENTREGAR O QUE PROMETEU: As pessoas esperam que você cumpra o que prometeu.

FAZER O QUE DISSE QUE FARIA: Este é um teste sobre ser confiável.

COMUNICAR DE MANEIRA OPORTUNA: Uma resposta rápida mostra que você é responsável e, acima de tudo, que se preocupa.

PROPORCIONAR AJUDA QUE EXTRAPOLA SEU PRODUTO OU SERVIÇO: O que você fizer para ajudar os outros a ter mais sucesso será um verdadeiro reflexo de seu caráter.

SER PONTUAL: A pontualidade mostra que você respeita o tempo da outra pessoa. Também prova sua confiabilidade.

SER SIMPÁTICO: Pessoas sorridentes são uma porta aberta para a comunicação. Não custa mais caro ser simpático.

SER SINCERO: Isso só acontece quando você acredita no que faz, ama o que faz e se preocupa com os outros. Não é simplesmente ser sincero com os outros, é ser sincero com você. A sinceridade vem de dentro.

MOSTRAR RECONHECIMENTO POR TER NEGÓCIOS COM ELES: Mostrar reconhecimento e agradecer irá não só construir um relacionamento, mas também estimular a lealdade.

SER GRATO PELA OPORTUNIDADE DE PODER SERVIR: Se você tem um coração servil, se você ama servir aos outros, construirá confiança em cada ação.

SER CONSISTENTE: Confiança não é algo ocasional. É algo constante. Você não pode estar na hora um dia e atrasado no dia seguinte. Você não pode ser amigável num dia e rude no dia seguinte. Você não pode entregar num dia e não entregar no dia seguinte. Acredito que este elemento seja o mais difícil de dominar porque combina todos os outros elementos.

TER CONFIANÇA: Você se torna confiável tendo confiança nos outros.

Nas vendas, nos negócios e nos relacionamentos pessoais de todos os tipos, a confiança é O elemento crítico. É a cola que une todos os outros elementos. Sem ela, o relacionamento irá enfraquecer, diminuir ou desaparecer.

O que você está fazendo para criar confiança? O que você está fazendo para construir a confiança? O que você está fazendo para aumentar a confiança que construiu? O que você está fazendo para proteger a confiança que construiu?

Eu confio que você vai trabalhar nisso.

A seguir está mais uma ideia sobre como ganhar confiança...

Escreva e publique suas ideias, seus pensamentos e sua filosofia.

Nos últimos 15 anos, tenho publicado algo no mínimo uma vez por semana. Com minha revista eletrônica são duas vezes na semana – uma vez na terça-feira e uma na sexta em jornais de comércio. Publicar minhas ideias, estratégias e filosofia sobre vendas, lealdade do cliente e Atitude YES! construíram confiança e um séquito de leitores fiéis que vem crescendo semana após semana – 848 semanas até agora, para ser exato.

Ações consistentes, voltadas para valor, publicadas para que todos as vejam e leiam construirão confiança na mente de quem as recebe mesmo que nunca tenham conhecido ou visto você. Minha mala direta eletrônica passou de 21 mil para 350 mil contatos por uma razão: as pessoas confiam em mim o suficiente para querer ler o que tenho a dizer.

"Você não pode conquistar confiança a qualquer preço. Mas lentamente, com o tempo, pode construí-la sem custo."

– Jeffrey Gitomer

Confiança Corporativa

Dentro de 10 anos, a confiança corporativa vai emergir como a próxima coisa mais importante, A MENOS QUE as corporações fiquem paradas nos anos 70 e 80 medindo a satisfação do cliente em vez da lealdade. Empresas progressistas, que entendem o que lealdade significa, buscarão evoluir para a confiança.

A lealdade vem da confiança.

Grandes corporações estão sempre tentando ganhar a confiança de seus empregados, seus clientes, acionistas e fornecedores. Fazem isso ao mesmo tempo em que tentam manter a lucratividade e o valor para o acionista. O equilíbrio é difícil, se não traiçoeiro.

Com muita frequência, as corporações farão *qualquer coisa* para manter o valor para o acionista à custa do cliente e dos empregados, perdendo assim a confiança e criando desânimo no processo. Isso é especialmente verdade em tempos de retração econômica, ou logo após uma fusão.

Os princípios fundamentais da confiança e da lealdade são os mesmos. *A melhor maneira de ganhar lealdade é ter lealdade. A melhor maneira de ganhar confiança é ter confiança.* Você também pode substituir a palavra ganhar por obter.

EIS UMA DICA: Para ganhar confiança em um ambiente externo, deve haver um ambiente interno de confiança. E os líderes corporativos, os executivos nível C (CEOs, CFOs, etc.), criam esse ambiente – ou o destroem – com suas decisões e ações.

Entra o marketing. A maneira mais garantida de fazer as grandes empresas parecerem bobas. Por que vejo anúncios me dizendo para "voar nos céus amigos", e quando eu chego lá ninguém é amigo? A resposta é que as grandes empresas gastam mais promovendo sua imagem do que ajudando seus empregados a manter essa imagem. E a porcentagem é praticamente de 100 para zero.

Para aumentar ainda mais o problema, a JD Powers concede a essas mesmas empresas prêmios por *excepcional satisfação* do cliente.

Ambos, clientes e empregados, fazem alguma coisa entre dar uma gargalhada e um sorriso malicioso dissimulado por esses "prêmios".

Vamos às respostas...

A confiança começa no mesmo lugar que a lealdade. No topo. Isso não significa que você não pode cortar empregos para garantir a lucratividade, mas significa que você deve dizer a verdade quando essas circunstâncias estão ocorrendo. E você deve dizer a verdade de maneira clara. Isso significa toda a verdade. Você deve dar às pessoas que estão sendo dispensadas alguma ajuda e esperança. Quanto mais você fizer para que essas pessoas mantenham a dignidade, mais respeito e confiança ganhará daquelas que permaneceram.

Para ganhar confiança, os altos executivos devem comunicar-se abertamente com seus clientes internos. Isso significa comunicar-se abertamente com todos os empregados da empresa. Sem essa comunicação, os boatos começam. Os boatos espalham-se dez mil vezes mais rápido do que os e-mails e, com o advento do celular e das mensagens de texto instantâneas,

os boatos também tornaram-se praticamente impossíveis de rastrear. A confiança também aumenta, ou diminui, o ânimo.

Quanto menos comunicação existe, maior a chance de ocorrerem boatos – e boatos criam nervosismo e falta de produtividade, dois elementos-chave para o desânimo.

O time executivo deve estar visivelmente engajado com as pessoas de todos os níveis da empresa. Isso deve ser feito com uma comunicação direta pessoalmente, frente a frente. Não pode ser através de um discurso ao vivo ou uma mensagem em vídeo, transmitidos online ou no formato podcast.

Executivos sênior devem também estar frente a frente com os clientes e fornecedores. Essa capacidade de envolver-se diretamente não só mantém os executivos atualizados sobre o que de fato está acontecendo, como também cria uma boa reputação incrível entre os empregados, clientes e fornecedores.

"Preciso que você faça uma apresentação sobre o tema 'confiança'. E se não tiver tempo de preparar, simplesmente passe a mão em algo pronto da Internet!"

Abertura, honestidade e a coragem de admitir quando as coisas poderiam estar melhores do que estão são o lema que irá gerar, conquistar e manter a confiança.

As corporações costumavam dar aos empregados relógios de ouro por 50 anos de serviços leais prestados. Agora, em busca do lucro, após 23 anos de serviços prestados, elas dão cartas de aviso-prévio.

Qual é o custo da perda de "confiança" em uma corporação?

Sem confiança há desânimo.

Sem confiança há baixa produtividade.

Sem confiança há serviço ineficiente.

Sem confiança há políticas rígidas.

Sem confiança há alta rotatividade.

Sem confiança os boatos crescem.

Sem confiança não há comunicação aberta.

Sem confiança há dúvida e desapontamento.

Me pergunto se a palavra "confiança" é usada na sala da diretoria com mais frequência do que a palavra "lucro". Duvido.

As pessoas de influência são bem-sucedidas. Você é uma delas?

Você está buscando ter mais influência com seus clientes? Com seu chefe? Com seus prospectos? Com seus contatos? Com seus parceiros e colegas no trabalho?

Você alguma vez já pensou que elementos fazem parte de ser uma pessoa de influência? Abaixo está a lista, MAS não se limite apenas a ler – compare seu nível de habilidade com o que está na lista para que possa desenvolver seu entendimento E seu status ao mesmo tempo.

Esta lista contém os elementos de um influenciador IDEAL. As pessoas de influência não precisam ter todas essas qualidades, mas quanto mais possuem, maior é o poder de influência delas.

Um influenciador poderoso é:

INTELIGENTE: Uma pessoa que consegue raciocinar e ter bom-senso. Uma pessoa que consegue pensar em termos de respostas, ao invés de se inquietar frente a uma circunstância. Alguém que enxerga o quadro como um todo ao invés da urgência imediata.

PERSPICAZ: Além de inteligente, uma pessoa perspicaz vê uma resposta *e* uma estratégia para implementá-la. E a implementação é vista em benefício do outro, em vez de em benefício próprio. Isso não significa que você abre mão de seus ganhos (honorários, comissões), mas significa que todo mundo sai ganhando, não apenas você.

INFORMADO: Além de inteligente, uma pessoa informada sabe o que está acontecendo em detalhes. Informada sobre o produto, informada sobre o serviço e experiente. Não apenas sobre o funcionamento, mas sobre como usar para lucrar e produzir.

VOLTADO PARA O LONGO PRAZO: A influência é determinada pelo relacionamento, e o relacionamento é precedido pelo pensamento a longo prazo. Não tem a ver com sua quota. Não tem a ver com o final do mês. Tem a ver com fazer o que é melhor para os outros ao longo de um período extenso de tempo, independentemente dos prazos que você se impõe.

CHEIO DE RESPOSTAS: Os influenciadores nem sempre fazem pressão. Frequentemente são chamados porque a necessidade é uma resposta, e quem o chama tem confiança ou acredita que o influenciador sabe a resposta certa *e* a melhor resposta.

ALGUÉM COM IDEIAS QUE FUNCIONAM: Ideias baseadas na experiência passada, na melhor resposta possível e numa compreensão sólida da situação criarão influência suficiente para serem aceitas e implementadas.

CRIATIVO: A criatividade é a mãe das ideias. Uma pessoa criativa estudou criatividade e combinou com isso um poder mental de nunca ter um branco em qualquer situação.

UM PENSADOR: A maioria das pessoas nunca gasta tempo pensando. É por isso que grande parte delas não são influenciadores poderosos. Pensadores são também influenciadores – eles olham, pensam, raciocinam e então respondem.

VOLTADO PARA O SERVIÇO, NÃO PARA A VENDA: Vendedores conseguem exercer uma influência apenas temporária. Influen-

ciadores poderosos lideram com o serviço e seu serviço leva à venda.

ALGUÉM COM UMA EXCELENTE REPUTAÇÃO: Se você quer se tornar uma pessoa de influência, outras pessoas terão que endossar suas credenciais e sua credibilidade. Você pode pensar que é uma pessoa de influência, mas, no fim das contas, não é o que você pensa, é o que os outros pensam e dizem sobre você.

ALGUÉM COM UM EXCELENTE SENSO DE OPORTUNIDADE: Sabe quando abraçá-los. Sabe quando dobrá-los.

ALGUÉM COM UMA EXCELENTE ATITUDE: Não acho que você pode influenciar ao mesmo tempo que lamuria e reclama. E talvez você deva substituir as palavras *influência poderosa* por *influência positiva*.

ALGUÉM QUE LÊ: A influência vem de uma combinação de pensamento e raciocínio que não se baseia apenas em sua experiência. A leitura irá ajudar você a entender mais e esclarecer seus pensamentos, inclusive a *refiná-los*, e proporciona um recurso adicional de consulta à medida que constrói sua base de influência.

ALGUÉM QUE PUBLICA: Nos últimos 15 anos, publiquei um artigo por semana. Isso soma mais de 800 textos que ajudaram e influenciaram o pensamento e as ações de outras pessoas. Se você está em busca de influência, deve fazer isso de diversas formas, mas lhe asseguro que se os outros se influenciarem pelo que você escreve, também se influenciarão pelo que diz.

UM AUTOR: Um livro traz influência e prestígio. Artigos tornam-se livros. Livros são lidos, e as pessoas que os lerem serão influenciadas pela pessoa que os escreveu.

AMIGÁVEL E BENQUISTO: Tudo o mais sendo igual, as pessoas querem ser influenciadas pelos amigos. Tudo o mais não sendo tão igual, as pessoas continuam querendo ser influenciadas pelos amigos. Embora ser amigável não seja sempre o caso para ter influência, acredito que é o melhor caso.

ALGUÉM QUE GANHOU A CONFIANÇA DOS OUTROS (DO CLIENTE): Quanto melhor é seu desempenho, quanto mais sucessos você tem e quanto mais sabedoria transmite ao longo do tempo, mais confiança os outros terão em você. A confiança só surge como resultado do desempenho ao longo do tempo.

ALGUÉM QUE DIZ A VERDADE O TEMPO TODO: Você pode influenciar com uma mentira temporariamente. Mas quando a mentira é descoberta, você nunca mais consegue influenciar.

FAZEM O TRABALHO INDEPENDENTE DE QUALQUER COISA: Pessoas de influência também são realizadoras. Elas não apenas falam, elas FAZEM. Elas cumprem o que dizem. Elas não arrumam desculpas, porque não precisam. São pessoas com quem se conta em um momento de necessidade. São confiáveis e incansáveis. Nunca deixam um trabalho pela metade.

CONFIÁVEL: Ganha-se confiança combinando todos esses elementos. Mas lembre-se – basta um ato, uma mentira ou um evento para que a confiança seja quebrada. Se você mente, a confiança acaba. Se você larga um trabalho no meio, a confiança acaba. Nenhum elemento sozinho constrói a confiança, mas a falta de um deles pode destruí-la.

BEM-SUCEDIDO: Uma pessoa que conclui tarefas com sucesso e tem resultados bem-sucedidos. Uma pessoa que deixa seu histórico falar por ela.

UM VENCEDOR: Uma pessoa cuja história mostra que ela sabe como vencer e que venceu mais do que perdeu.

ALGUÉM SEM GANÂNCIA: Se existe no mundo aqueles que dão e os que tomam, os influenciadores são vistos como os que dão. As pessoas que estão sempre pensando ou falando sobre dinheiro não são tão influentes quanto aquelas que estão sempre falando sobre ideias e servindo aos outros.

"AFINIDADE": Um dos elementos mais poderosos, porém pouco mencionados, do relacionamento, da confiança e da influência é o quanto as pessoas se sentem confortáveis umas com as outras, com que facilidade fazem negócios entre si e com que naturalidade o relacionamento se estabelece. Você não precisa forçar se tiver afinidade.

NOTE BEM: Esta lista não contém as palavras "tem dinheiro". Ter dinheiro e ser influente são mutuamente excludentes. É possível que o dinheiro lhe proporcione uma ligeira vantagem, mas todos os outros elementos pesam mais que isso. Uma tonelada.

Você vai levar anos para dominar cada elemento da influência. Essa é a boa notícia se você pretende se tornar um influenciador poderoso. A maior parte das pessoas vai desistir assim que terminar de ler a lista. "Muito trabalho", elas dizem. "Não vale o esforço", resmungam.

ÓTIMO! Isso significa que sobrou mais espaço para VOCÊ no topo.

SEÇÃO 5

RECUPERANDO A CONFIANÇA

"A única maneira de tornar um homem confiável é confiar nele."

– Henry Stimson (1867-1950)

Regras gerais para recuperar a confiança

Quando a confiança é perdida, a primeira coisa que você deve fazer é *assumir a responsabilidade*. Você não tem de se culpar ou ficar deprimido, mas deve decidir que quer recuperar da melhor maneira possível, dizer para a outra pessoa quais são suas intenções e depois fazer um plano de recuperação de longo prazo.

A segunda coisa a fazer é *entender como e por que a confiança foi violada.* Obviamente, algumas situações são mais leves que outras.

Geralmente, quanto mais pesada a violação, mais difícil é aceitá-la, e o mais provável é que você irá tentar jogar parte da culpa por suas próprias ações nos outros.

Quando você percebe que fez uma escolha e que a violação é claramente uma extensão dessas escolhas, então e só então você pode criar *um plano de recuperação sólido*.

NOTE: Se você continuar a culpar ("Fiz isso porque fulano fez aquilo..."), seu plano de recuperação será tão fraco quanto sua capacidade de assumir responsabilidade.

Nas próximas páginas estão algumas sugestões de estratégias para recuperar a confiança. Não são regras estritas. São simplesmente sugestões que podem ajudar você a iniciar um plano mais detalhado para recuperar o relacionamento.

Recuperação da confiança nos negócios

CLIENTES: Se o cliente continua fazendo negócios com você, marque uma reunião com ele o mais rápido possível. Leve algum tipo de documento que explique o que você pretende fazer.

Talvez seja útil falar sucintamente sobre o que aconteceu, mas não por escrito. Você pode se desculpar, mas não use as palavras "Sinto muito". Também não use as palavras "Em nome de...". O que quer que você diga para um cliente ou uma empresa, use sempre a primeira pessoa do singular (eu, mim).

O tom da reunião irá determinar em grande parte quanto tempo a recuperação vai levar.

Seja humilde, peça a opinião de seu cliente, peça ideias a ele, mas nunca pergunte "o que é necessário para recuperarmos?" ou "o que é necessário para que eu recupere?". É melhor você já ir sabendo a resposta.

Você pode começar dizendo: "Tenho algumas ideias sobre como nosso relacionamento pode voltar a ser forte. Gostaria de dividi-las com você e ter sua opinião"

O que quer que o cliente peça para você fazer (dentro do razoável) para recuperar a confiança, FAÇA!

COLEGAS DE TRABALHO: Colegas de trabalho são quase como membros da sua família. Você passa tanto tempo, ou até mais, com eles quanto passa com sua família de verdade, e seu relacionamento baseia-se nos mesmo conjunto de padrões do que o familiar.

A diferença é que, no trabalho, estão julgando sua ética profissional acima de todas as outras éticas e ações.

Se você cometeu uma violação pessoal da confiança, vá até a parte ofendida e converse sobre o que aconteceu, por que aconteceu, como se sente sobre isso e o que vai fazer quanto a isso.

Se a violação foi com uma empresa (por exemplo, você não concluiu um projeto no prazo, ou agiu de maneiras que fazem os outros perderem a confiança em você, tais como cometer erros ou estar constantemente atrasado), deve desculpar-se para a alta administração e criar um novo conjunto de padrões que pretende seguir.

A confiança no trabalho e seu sucesso no trabalho são consanguíneos. Você pode pensar que é uma coisa sem importância falar de alguém pelas costas, levar um boato adiante, ou falar da empresa ou de seu chefe de maneira derrogatória, mas a implicação desses pequenos atos ao longo do tempo cria sua reputação interna. Bem ou mal, você optou por isso e criou essa dificuldade para si próprio. E a única maneira de recuperar é mudando seus hábitos.

Há anos recomendo que se alguém chegar para você e começar a falar sobre outra pessoa de maneira negativa, pare a conversa e recomende trazer a pessoa sobre quem se está falando para participar da conversa.

FORNECEDORES: Meu pai me ensinou que os fornecedores são mais importantes do que os clientes porque existe uma oferta limitada de fornecedores e uma oferta ilimitada de clientes. Quando ocorrer uma violação de confiança com um fornecedor, e este fornecedor é um recurso importante para sua empresa, marque uma reunião com até uma semana após a violação. Limite sua conversa ao telefone, especialmente se for do tipo em que se está tentando se desculpar pelo que aconteceu.

Quando ocorre qualquer tipo de violação de confiança, as desculpas geralmente não recebem atenção, especialmente se a violação for um cheque sem fundos ou algum outro delito financeiro. Para reconstruir a confiança com um fornecedor, ele precisa ter confiança em você como cliente. A boa notícia é que o fornecedor quer vender mais para você. A má notícia é que você perdeu sua facilidade de crédito e talvez tenha de procurar um banco ou outro meio financeiro para fazer negócios com esse fornecedor.

Tente chegar a alguém do escalão mais alto possível, tente ficar longe do departamento de contabilidade. E independentemente do que faça, cumpra todas as suas promessas.

Recuperação da confiança na família

AMIGOS: Pare por um momento e examine sua história de amizades. Não os bons amigos – aqueles que de alguma maneira se afastaram ou desapareceram.

Se foi você quem violou a amizade, o que poderia ou deveria fazer para evitar a quebra de confiança e preservar o relacionamento?

Se foi o amigo o violador, seja revelando uma verdade secreta ou criando algum boato, estude como aconteceu, por que aconteceu e como você pode evitar isso em suas amizades atuais e futuras.

Recuperar uma amizade é mais fácil do que recuperar a família. Por alguma razão, você pode ser mais sincero com seus amigos do que com sua família. Seja sincero com seu amigo, esclareça tudo. Além disso, fale sobre o valor da amizade entre vocês apesar do que aconteceu, e tente fazê-lo concordar que vale a pena manter essa amizade.

Uma das coisas importantes da amizade é entender que efeito os sentimentos da outra pessoa podem ter sobre o que você diz dela.

FAMÍLIA: Existe uma antiga canção que diz: "Você sempre magoa aqueles que ama". É uma canção escrita nos anos 40 que fala sobre magoar alguém próximo. A letra da música não fala sobre o que aconteceu. Ela basicamente pede perdão. No mundo real, isso não resolve.

Quando se trata de família, quebra de confiança pode permanecer na memória por anos e provavelmente para sempre.

A boa notícia é que é sua família. Você os ama. Eles amam você. A má notícia é que você fez algo errado e, quanto mais rápido enfrenta isso, mais positivo é o desfecho a longo prazo.

Ignorar não vai fazer esquecer. Continuará sendo um problema para o outro membro, ou outros, da família que você magoou.

A chave é VERDADE. Admita, assuma a responsabilidade, desculpe-se e encontre uma solução que agrade a ambos. Não vai fazer a violação ser esquecida, mas colocará você no caminho da reconciliação e da recuperação.

CÔNJUGE: Um problema de confiança com um cônjuge ou parceiro é mais delicado porque essa é a pessoa em que supostamente você mais deve confiar. Em minha experiência, quanto mais longo é um relacionamento conjugal, mais reservado se torna, quando deveria ocorrer justamente o contrário.

Quantas vezes você já ouviu alguém de um casamento desfeito dizer: "Depois de 15 anos, nós simplesmente nos separamos"? Vocês não compartilhavam suas vidas, ou talvez não compartilhavam dos mesmos interesses, ou talvez um parceiro simplesmente não conseguia conviver com o outro. A verdade é que vocês pararam de falar sobre isso, ou ao menos pararam de falar sobre isso com sinceridade.

E há também a mentira. Como você se recupera de uma mentira, especialmente quando é pego? E o pior é que geralmente uma mentira leva à outra.

Você pode pensar no exemplo ridículo dos políticos pegos em uma mentira e que, de repente, querem fazer de tudo

para reconquistar a confiança do público. A falsidade deles é tão evidente quanto um topete falso.

Não é diferente em um casamento ou relacionamento conjugal. Se é que existe uma "melhor maneira de recuperar", isso provavelmente seria pedir desculpas antes de ser pego. Mas isso exige mais coragem do que a maioria das pessoas tem. A melhor maneira de se recuperar de uma mentira é começar a dizer a verdade sempre, mesmo que magoe. A omissão é uma mentira. Então a palavra-chave seria: franqueza.

A verdade pode magoar, mas nunca tanto quanto uma mentira.

"Quando estou de regime, o médico diz que de vez em quando posso dar uma escapulida. Vou sair com seu amigo Larry hoje à noite."

TORNANDO-SE UM CONSELHEIRO DE CONFIANÇA

"Poucas coisas ajudam mais um indivíduo do que dar a ele responsabilidades e deixar que saiba que você confia nele."

– Booket T. Washington

Parte Um: O que é ser um CONSELHEIRO DE CONFIANÇA?

A verdade sobre, e as estratégias para, receber a maior honraria no mundo das vendas e dos negócios

Esta seção trata de como ganhar a posição de *trusted advisor*, conselheiro de confiança – na mente das pessoas a quem você está associado nos negócios, sejam eles clientes, colegas de trabalho, superiores ou empregados.

É uma combinação do valor que os outros percebem em você, de suas ações ao longo do tempo e da disposição deles de concordar e aceitar seus conselhos para ajudá-los a ter sucesso.

A confiança pode ser mostrada na forma de uma resposta, um produto, uma solução, uma estratégia ou uma pessoa de quem eles precisam, ou em uma decisão que é crítica para o sucesso da empresa ou da carreira deles.

O status de conselheiro de confiança diz respeito às pessoas que o buscam e aceitam como conselheiro, assim como confidente.

As pessoas confiarão em você a ponto de chamá-lo em uma situação crítica porque você é AQUELE que pode ajudá-las de uma maneira que os outros não podem.

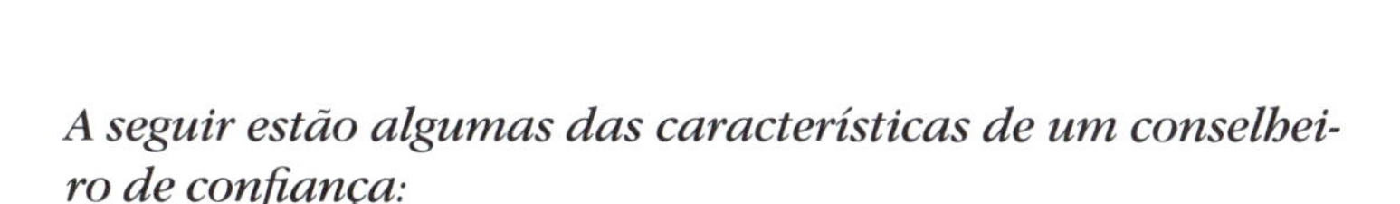

A seguir estão algumas das características de um conselheiro de confiança:

Um conselheiro de confiança tem respostas ou irá encontrar respostas.

Um conselheiro de confiança tem excelente reputação.

Um conselheiro de confiança aceita responsabilidade.

Um conselheiro de confiança está disponível.

Um conselheiro de confiança é proativo.

Um conselheiro de confiança entrega.

É importante entender que ser conselheiro de confiança não é simplesmente uma "responsabilidade" – é uma honra! Você se tornou uma autoridade. Seu conhecimento foi combinado com sua sinceridade e sua ética, e você se tornou uma pessoa de valor, respeitada, e de quem as pessoas precisam.

Não é um fardo – é uma benção. Não é algo que você força em alguém, é algo que precisa ser ganho. Não é um título – é uma designação implícita conquistada, algo que vai levar você a mais sucesso e mais realização em cada aspecto de sua vida profissional, seja ela em vendas, serviços ou liderança.

Conselheiros de confiança não fazem distinção de sexo. Não existem barreiras de idade para um conselheiro de confiança – e não existem restrições.

A razão pela qual sou qualificado para escrever esta seção é que me tornei um conselheiro de confiança – tanto quando estou presente, em frente a meus clientes e colegas, como quando ausente, através do que escrevo – minha revista eletrônica, minhas colunas e meus livros.

A razão pela qual me tornei um conselheiro de confiança é que minhas palavras escritas e faladas foram reconhecidas como válidas ao longo do tempo. Recebi milhares de e-mails e cartas de agradecimento. Mudei culturas corporativas. Meu desempenho foi consistente ao longo de um período extenso de tempo. E me tornei conhecido como uma pessoa que dá sem a expectativa de receber.

Da mesma maneira que Napoleon Hill, Dale Carnegie, Orison Swett Marden e Earl Nightingale foram conselheiros de confiança para mim, assim me tornei um conselheiro de confiança para vendedores, pessoas de atendimento ao cliente e empresários do mundo inteiro. Talvez inclusive para você.

Pense sobre o quanto mais bem-sucedido você seria se as pessoas com quem lida todos os dias tivessem um alto nível de respeito por você, confiança em você como pessoa e em seus conselhos como pensador.

CUIDADO: Isso requer muito trabalho.

MAIS CUIDADO: Não é algo que você simplesmente senta e espera. Envolve pensar, ler, ser consciencioso e manter seu foco em se tornar um especialista de classe mundial, estudar, arriscar, falhar, ter a atitude certa e apertar o cinto em tempos difíceis.

O LEGAL É: Você consegue fazer isso. **O MAIS LEGAL É:** Poucas pessoas o farão. **O MAIS LEGAL DE TUDO É:** Quando você atingir esse status, ele trará uma riqueza que vai além do dinheiro. Não apenas sucesso, mas realização.

"Eu gostaria de ser seu conselheiro de confiança. Quando você precisar de informações confiáveis sobre babar, latir, lamber, farejar ou manchas no carpete, eu serei seu homem, quer dizer... cachorro!"

Parte Dois: Entendimento e autoconhecimento

Entender o que é necessário para se tornar um conselheiro de confiança e os passos para seu autoconhecimento.

Quando digo "conselheiro de confiança", que palavras vêm a sua mente? Relacionamento? Conselho útil? Aliança estratégica? Consultor?

Antes de começar esta lição, quero desafiar você com três perguntas profundas:

- **Você acredita que é um conselheiro de confiança?**
- **Em sua opinião, quais são os elementos de negócios e relacionamento que você deve dominar para se tornar um conselheiro de confiança?**
- **Você acha que seus clientes veem você como um conselheiro de confiança?**

A chave para relacionamentos mais fortes, vendas e lealdade do cliente não é apenas os produtos e serviços que você oferece – a chave para mais relacionamentos, mais vendas, renovação de pedidos e mais indicações é alcançar o status – *ganhar o status* – conselheiro de confiança.

PASSO: Reserve um momento para listar as contas (clientes) em que você é um conselheiro de confiança. Depois faça uma lista das pessoas dessas contas que recorrem a seus conselhos, que contam com seus status de conselheiro de confiança.

Quando terminar a lista, a primeira coisa a fazer é compará-la com sua toda base de clientes. Você é um conselheiro de confiança para mais de 20% de sua base de clientes? Anime-se, a maioria dos vendedores e gerentes não é nem para 10%. Muito menos.

E quero deixar uma coisa clara antes de nos aprofundarmos mais neste conceito. Ser confiável e ser um conselheiro de confiança não é o mesmo. Nem chega perto. Ser confiável é uma pequena parte de ser ou se tornar um conselheiro de confiança.

Considere as seguintes perguntas:

O quanto sua marca é conhecida?

O quanto sua marca é respeitada?

O quanto sua empresa é respeitada e admirada?

O quanto seus produtos e serviços são respeitados e admirados?

Como sua empresa é conhecida e pelo que é conhecida?

Em resumo, qual é o caráter e a reputação de sua empresa e de seus produtos? Qual é o poder de sua marca?

Se sua empresa oferece os melhores produtos e serviços e é confiável.... Então a única variável no círculo de confiança é você.

PERGUNTA DIFÍCIL: Você acredita que alcançou o status de conselheiro de confiança com seus clientes?

Espero que sim.

UMA PERGUNTA MAIS IMPORTANTE: O que seus clientes acham?

Você vê? Não é o que VOCÊ pensa que é. É que lugar você ocupa na mente do cliente. Como você é visto por eles? Como consideram você? Como se referem a você? O quanto respeitam você? Por que chamam você? E, é claro, o quanto confiam em você?

A seguir estão os níveis de competência a que você pode ascender como vendedor ou gerente:

Vendedor

Consultor

Conselheiro

Conselheiro estratégico

Conselheiro de confiança

Conselheiro e recurso de confiança

NOTE BEM: Isso não se trata de títulos ou cargos. São papéis que você desempenha, posições em que o cliente vê você. Só porque seu cartão de visitas diz "Consultor", isso não significa que você seja um. A prova do título é que o cliente PERCEBA você como tal.

A percepção do cliente é sua realidade.

AS PERGUNTAS MAIS IMPORTANTES PARA FAZER A SI PRÓPRIO SÃO: O que estou fazendo para ganhar e assegurar meu status de conselheiro de confiança na mente do cliente? O que posso fazer para melhorar meus relacionamentos, para fortalecer este status?

Entender que se tornar um conselheiro de confiança é muito mais que simplesmente ter um excelente relacionamento. Confiança é o começo. Confiança são as fundações do relacionamento.

Fiz perguntas importantes para você que requerem respostas pessoais e reveladoras. Talvez estas sejam respostas que você não queira ouvir... Talvez até mesmo respostas que você preferiria evitar!

MAS A PERGUNTA CRÍTICA É: Estou dando o MELHOR de mim para TODOS os meus clientes, o tempo TODO?

Sem o MELHOR você nunca vai alcançar a CONFIANÇA.

A seguir estão alguns passos e lances de realidade para assegurar um sucesso maior em sua busca por ganhar confiança e chegar ao status de conselheiro de confiança:

- **Faça uma lista de clientes e contatos que em sua opinião melhor exemplificam seu status de conselheiro de confiança.**
- **Faça uma lista das características que você acredita que lhe conferiram esse status.**
- **Faça uma lista dos clientes que insistem que você faça parte das reuniões de tomada de decisão deles.**

E por fim...

- **Faça uma lista dos elementos, estratégias ou habilidades que em sua opinião ajudariam a elevar seus status de conselheiro de confiança e agende horários consigo mesmo para trabalhar esses aspectos.** Concentre-se especialmente nos elementos que podem ajudar você a ganhar acesso a mais reuniões de tomada de decisão.

O valor de alcançar o status de conselheiro de confiança é que você deixa de ser alguém de fora, como um vendedor, para ser alguém de dentro, como um parceiro.

- **Um conselheiro de confiança, não um palpiteiro.**
- **Um recurso valioso, não um apresentador.**
- **Um especialista em produtividade, não um regurgitador de produto.**
- **Um produtor de lucro, não um vendedor de preço.**

Um conselheiro de confiança não é alguém que fica esperando na recepção para fazer uma apresentação. Um conselheiro de confiança é alguém a quem se recorre e que é bem-vindo no círculo interno.

Parte Três: Os elementos e características dos conselheiros de confiança

Quais são os elementos de um conselheiro de confiança?

CUIDADO: Esses elementos são tão difíceis de alcançar quanto são estratégicos para seu sucesso.

- **Conselheiros de confiança são provedores de valor, não fornecedores.**
- **Conselheiros de confiança concentram-se na construção de negócios, não apenas na busca de negócios, e constroem em benefício dos clientes.**
- **Conselheiros de confiança são considerados pelos clientes como amigos.**
- **Conselheiros de confiança são pessoas de quem se gosta, acredita, respeita e confia.**
- **Conselheiros de confiança fornecem informações valiosas para o cliente.**
- **Conselheiros de confiança são capazes de combinar confiança e informações valiosas.**
- **Conselheiros de confiança entendem a situação em que o cliente se encontra e estão dispostos a se arriscar em fazer o que é melhor para o cliente.**

- **Conselheiros de confiança têm a autorização do cliente para agir e se dispõem a empreender essa ação.**
- **Conselheiros de confiança ajudam o cliente a lucrar, não apenas a economizar dinheiro.**
- **Conselheiros de confiança descobrem uma maneira pela qual conseguir mais tempo de interação.**
- **Conselheiros de confiança tomam decisões baseadas no relacionamento, não no trimestre ou na quota.**
- **Conselheiros de confiança são sempre convidados para as salas de aula ou para a sala das diretorias. São convidados para a sala de aula para ajudar a facilitar o aprendizado, e são convidados para a sala da diretoria para ajudar a tomar as decisões certas.**

Um conselheiro de confiança mostra profissionalismo, amizade, competência, conhecimento do produto e experiência – não apenas como especialista, mas também como um comunicador experiente.

REALIDADE: Esses elementos são o MÍNIMO NECESSÁRIO – são a base que qualifica a ganhar o título de conselheiro de confiança.

Para ganhar o status de conselheiro de confiança, esses elementos básicos devem ser *combinados* com seu conhecimento do negócio do cliente e de como o cliente usa, produz, se beneficia e lucra com seus produtos e serviços. Você também precisa saber o quanto o cliente *valoriza* e *confia* em você para fazer isso acontecer.

DICA IMPORTANTE: O cliente deve PERCEBER que você tem essas qualificações, ou você vai permitir que os competidores vão até o cliente e estabeleçam algum tipo de posição.

Conselheiros de confiança mantêm os competidores ao largo. E criam a ponte entre cliente satisfeito e cliente leal.

Lembra-se da lista que pedi para você fazer no início da primeira lição? Minha pergunta para aqueles que realmente fizeram é: você ainda tem as mesmas pessoas na lista? E para aqueles que não fizeram a lista – imagino que, depois de ler esta informação, existem menos pessoas na lista “eles me consideram um conselheiro de confiança” do que você pensava.

“São óculos especiais que ajudam você a se ver como os outros o veem!”

Autoavaliação de um Conselheiro de Confiança

Esta autoavaliação irá ajudar você a ter uma ideia mais clara do que deve fazer para estabelecer sua posição, seu relacionamento e sua reputação...

1=fraco 2=médio 3=bom 4=muito bom 5=excelente

1=nunca 2=raramente 3=às vezes 4=frequentemente 5=sempre

- ❒ Eu sou um provedor de valor, não um fornecedor ou vendedor. 1 2 3 4 5
- ❒ Me concentro na construção de negócios – não apenas em buscar negócios – e construo em benefício do cliente. 1 2 3 4 5
- ❒ Meus clientes me consideram um amigo. 1 2 3 4 5
- ❒ As pessoas gostam, acreditam, confiam em mim e me respeitam. 1 2 3 4 5
- ❒ Proporciono informações valiosas para meus clientes. 1 2 3 4 5
- ❒ Sou capaz de combinar confiança e informações valiosas. 1 2 3 4 5

❒ Entendo as situações que meu cliente está enfrentando e estou disposto a arriscar estar certo.	1 2 3 4 5
❒ Tenho autorização de meu cliente para agir e estou disposto a empreender essa ação.	1 2 3 4 5
❒ Ajudo o cliente a lucrar, não apenas a economizar dinheiro.	1 2 3 4 5
❒ Descubro uma maneira pela qual conseguir mais tempo de interação.	1 2 3 4 5
❒ Tomo decisões baseadas no relacionamento, não no trimestre ou na quota.	1 2 3 4 5
❒ Sempre sou convidado para as salas de aula ou para a sala das diretorias.	1 2 3 4 5
❒ Sou convidado para a sala de aula para ajudar a facilitar o aprendizado.	1 2 3 4 5
❒ Sou convidado para a sala da diretoria para ajudar a tomar as decisões certas.	1 2 3 4 5

Analisar o resultado é simples – veja em que itens você assinalou 1, 2, 3. Essas são suas áreas fracas. Esta autoavaliação torna-se sua estratégia personalizada, customizada, que mostra onde você precisa melhorar.

Parte Quatro: Pense sobre QUEM e POR QUÊ

Se eles gostam de você, acreditam em você e confiam em você, TALVEZ comprem de você. Gostar de você leva a confiar em você.

Pense sobre três de seus conselheiros em que você mais confia.

Aposto que gosta de todos eles. Alguns talvez você até ame.

Agora que você entende o que é ser um conselheiro de confiança – e quais são os elementos que lhe proporcionarão esse status – é hora de criar uma estratégia e agir para que você se torne proficiente em ganhar o status de conselheiro de confiança.

Primeiro – faça uma lista de seus 10 melhores contatos: seus Dez Mais. Esses são aqueles que têm mais valor, e aqueles com quem você quer ter certeza de que vai atingir o nível de conselheiro de confiança.

Depois – faça uma lista de alguns outros contatos com quem você gostaria de atingir o nível de conselheiro de confiança.

Ao lado de cada um dos contatos que listou, escreva as respostas para cada uma das seguintes 4,5. perguntas:

1. **O que você está fazendo para trazer valor para este cliente?** Faça uma lista.
2. **Que ideias você está criando em benefício do cliente?** Faça uma lista das melhores delas nos últimos três meses.
3. **Como você está aumentando a produtividade do cliente?** Escreva um parágrafo sobre fatos reais.
4. **Quanto LUCRO você pôs na mesa?** NOTE BEM: Eu não disse *economias*. O que você fez para ganhar dinheiro para o cliente? Dito de uma maneira melhor, como você ou seu produto ganham dinheiro para o cliente?

4,5. **Qual foi o resultado de suas ideias? Seu conselho e sua consultoria compensaram?**

NOTA: Não estou tentando ser sua mãe, seu pai ou seu chefe – estou tentando ajudar você a levar seus relacionamentos para um nível em que as renovações de contratos são uma certeza baseada em valor, e relacionamentos leais perduram com base em valor percebido e confiança. Isso não tem a ver com atrair a atenção. Tem a ver com o valor que você proporciona – e a confiança que ganhou.

Essas 4,5. perguntas são o cerne de como se tornar um conselheiro de confiança. A parte mais difícil do processo é respondê-las com sinceridade, eliminar a distância que existe entre onde você está e onde deve estar, e então trabalhar todos os dias para atingir a maestria.

Parte Cinco: O PODER do engajamento

Conselheiros de confiança agem. Outra palavra para ação é TRABALHAR. Comece empreendendo ações de conselheiro de confiança.

Para se tornar proficiente em ser designado como conselheiro de confiança, você deve ser engajador.

Conselheiros de confiança ENGAJAM-SE em encontrar afinidades – coisas em que se compartilha interesses mútuos.

Conselheiros de confiança ENGAJAM-SE em estimular o interesse com perguntas.

Conselheiros de confiança ENGAJAM-SE em saber como *o cliente* vence.

Conselheiros de confiança ENGAJAM-SE em informar seu preço com confiança e acrescentando a frase: "Sr. Jones, nossos preços são justos e consistentes".

Em minha experiência, descobri que vendedores que dão desconto criam uma dupla falta de confiança. O cliente acredita menos no preço e o vendedor acredita menos no preço.

Como o que você está dizendo cria um impacto positivo para o cliente? Onde está o valor? Onde está o lucro? O cliente sente honestamente que VOCÊ vale o preço?

"Se os clientes parecem interessados, parte da razão é que você é interessante. Conselheiros de confiança ENGAJAM-SE em ser interessantes – e agregar valor."

–Jeffrey Gitomer

Parte Seis: Você deve ganhar proficiência antes de atingir a maestria. Não há substituto para o trabalho duro

EIS SUA ESTRATÉGIA PARA A PROFICIÊNCIA: Você deve contatar – visitar – de três a cinco clientes ou contatos importantes toda semana e empreender no mínimo uma das ações de um conselheiro de confiança. Levar uma ideia, oferecer algo para ajudá-los a produzir mais, algo que agregue valor para eles ou algo que gere lucro. Em resumo, algo que construa confiança.

Marque um café da manhã ou um almoço para conversar com eles. Crie a empatia que leva a relacionamentos. Construa a confiança que ajuda você a revelar os verdadeiros problemas e necessidades.

Conselheiros de confiança sabem que não tem a ver com produtos e serviços. Se você vende software, tem a ver com como o software é usado e como a potência do hardware é maximizada. Conselheiros de confiança sabem que a segurança dos dados é uma questão primordial para os clientes. Eles sabem que produtividade e lucro são igualmente importantes.

E isso é IGUAL para produtos e serviços. Inclusive o seu.

Parte de sua estratégia também deve ser enviar uma mensagem de valor semanalmente para cada contato importante. E se você está enviando uma mensagem de valor, tal como um e-mail com informações valiosas, ou a melhor ideia da semana, então por que não está fazendo isso para todos os seus clientes?

Para ser proficiente na designação como conselheiro de confiança, você também deve estar envolvido com a comunidade. Você tem visibilidade na comunidade e na comunidade de negócios? Não é apenas líder em sua empresa? Estou falando de ser um líder comunitário ou um voluntário ajudando outros menos afortunados que você.

O desafio é equilibrar seu tempo. Volte-se para seu sucesso profissional primeiro e tome cuidado para não dedicar um tempo que não tem. Bons passos iniciais são dedicar-se a uma associação de caridade ou a grupos envolvidos em moradia, assistência a menores carentes, instituições de saúde ou uma causa ambiental nobre.

Seja paciente. Talvez leve um ano para você se tornar proficiente. A boa notícia é que, durante esse tempo, você também criará hábitos de sucesso que durarão por toda uma vida.

EIS O SEGREDO: Acabo de traçar uma estratégia que funcionará – SE você estiver disposto a trabalhar nela. Você pode estar a caminho de se tornar um conselheiro de confiança do mais alto nível, SE fizer o TRABALHO DURO para chegar lá.

A melhor parte de se tornar um conselheiro de confiança é que vender fica fácil. As pessoas comprarão – não apenas de sua empresa, mas de VOCÊ. O paradoxo de fazer o trabalho necessário para se tornar um conselheiro de confiança é que a maioria dos vendedores não está disposta a fazer o trabalho duro necessário para facilitar as vendas.

Por favor, não deixe que essa pessoa seja você.

Estou prestes a revelar o elemento mais poderoso de se tornar um conselheiro de confiança – mas não até que você ganhe proficiência no processo. Isso significa agendar mais reuniões frente a frente e praticar cada elemento até que sinta que o domina.

Quando sentir que está pronto para a próxima lição, vá em frente!

"Em quem você vai acreditar, em um profissional de vendas com conhecimento e treinado como eu, ou em um bando de pobre coitados chorões que não têm nada melhor para fazer do que passar a vida reclamando sobre coisas menores como serviço ao consumidor e segurança do produto?"

Parte Sete: Na aterrissagem, certifique--se de que seu cinto de segurança está afivelado...

Na parte seis, eu disse que é possível se tornar um conselheiro de confiança – SE você fizer o TRABALHO DURO para chegar lá. Tenho afirmado o tempo todo que a maioria das pessoas não está disposta a fazer o trabalho duro que torna as vendas fáceis.

Isso significa que, quanto mais alto o nível de conselheiro de confiança você atingir, mais fáceis serão as vendas. O trabalho duro é primeiramente obter o status.

Certifique-se de que suas ações são do maior interesse a longo prazo para o cliente, não apenas as ações de curto prazo por uma quota de vendas.

Os clientes contam com seu conselho para ajudá-los a produzir e lucrar.

Os vendedores empreendem ações a curto prazo voltadas para vendas porque a fonte de informações deles está vazia – dificilmente isso será um problema para um conselheiro de confiança.

A maestria de se tornar um conselheiro de confiança só vem depois de você ter se tornado proficiente. Você não só já domina as ações de um conselheiro de confiança, como as empreende consistentemente.

Uma parte importante de ser um conselheiro de confiança é sua confiabilidade e consistência. Esses elementos levam você a ser A pessoa com quem seus clientes contam quando precisam de uma resposta.

Maestria não significa perfeição. Significa, sim, que você atingiu o nível HUMANO mais alto de excelência.

Todo mundo comete erros – a questão é: *Como você assume responsabilidade por eles, e não culpa os outros por eles? Como você age para garantir que aprendeu a lição – e não vai incorrer no mesmo erro de novo?*

Os elementos da maestria são os mesmos que da proficiência... Exceto um. O cliente tem que gostar de você, acreditar em você e confiar em você. E você precisa ter autoconfiança suficiente para abrir mão do controle da conversa e das situações, e ainda assim persuadir.

Como conselheiro de confiança, você deve garantir que existe uma afinidade entre seus produtos e serviços e as verdadeiras necessidades e valores do cliente. Conselheiro de confiança tem maestria neste elemento crítico.

Conselheiros de confiança NUNCA precisam justificar sua existência para os clientes. Eles já ofereceram provas acima de qualquer dúvida e conquistaram lealdade.

Os vendedores estão sempre tentando qualificar o cliente – conselheiros de confiança sabem que o cliente está os qualificando.

Conselheiros de confiança nunca vão para uma venda ou renovação com medo de perder. Eles chegam com ideias, valor, respostas e um desejo de ganhar para o cliente, para a empresa deles e para eles.

Conselheiro de confiança com nível de maestria percebem que o entendimento é uma via de mão dupla. Eles precisam entender o cliente – e o cliente precisa entendê-los!

A seguir estão algumas outras ideias e estratégias de maestria:

- **Comunique-se como faria com seu melhor amigo.**
- **Modifique seu tempo entre seriedade e humor.**
- **Seja você mesmo o tempo todo – porque você precisa voltar, e é muito difícil lembrar quem você foi na última conversa.**
- **Seja positivo, tanto no conhecimento quanto na ajuda.**
- **Relaxe. Conselheiros de confiança não se apavoram, já que têm respostas.**

Aqueles que alcançaram a maestria sabem que "conselheiro de confiança" não é um título ou um nome que você se dá; é algo GANHO através de suas palavras, ações e feitos.

Existem dois testes que revelam seu status de conselheiro de confiança.

O primeiro teste é "*aparecer de surpresa*". Você consegue aparecer de surpresa e ser visto? Criei uma minilição sobre aparecer de surpresa que você pode ler quando lhe convier.

O segundo teste, e o principal medidor de seu status como conselheiro de confiança, é quando eles chamam você. O cliente lhe chama porque acredita que você tem a resposta ou pode resolver o problema dele. Ou o cliente lhe chama porque sabe que você é O MELHOR para ajudá-lo. É um status que o dinheiro não pode comprar – *mas o trabalho duro pode.*

E quando eles chamam, é o começo de uma indicação. Seu cliente está disposto a recomendar você para os outros porque confia que você fará em outros relacionamentos o mesmo que fez para ele.

Este é o mais alto nível de excelência para seus clientes, a reputação de sua empresa, e realização para você.

Conselheiro de confiança é um status alcançado – e as pessoas que alcançaram passaram pelo teste mais rigoroso de competência e desenvolvimento pessoal de suas carreiras.

Dica do Git... Para fazer os testes, acesse www.gitomer.com, registre-se caso seja usuário novo e digite as palavras TRUSTED ADVISOR TEST na caixa GibBit.

VERDADE, CONFIANÇA, VALOR

"Assim que confiar em si próprio, você saberá como viver."

– Johann Wolfgang Von Goethe (1749-1832), Fausto

O Valor da Confiança

Você consegue pensar em palavras que definem o valor da confiança?

Valiosa? Uma fortuna? Ouro?

Inestimável é a única palavra que realmente a descreve, a confiança tem um valor imenso, imensurável. E quando você coloca as palavras "não" ou "eu não" na frente de confiança, todo esse valor se perde.

"Eu não confio nessas pessoas."

"Eu não confio no meu chefe."

"Eu não confio naquele cara."

"Eu não confio mais no meu marido."

"Eu não confio naquelas crianças."

"Eu não confio nas MINHAS crianças."

A falta de confiança verbalizada não é apenas desalentadora; ela também reforça esse sentimento e o pensamento sobre isso. A confiança tem poder em ambas situações. Ou você a tem, ou a perdeu.

Boatos de falta de confiança são mais danosos. É falar dos outros pelas costas, ou os outros falarem de você. Mesmo que não seja verdade, o dano é feito quando as palavras são ditas.

Existem valores conferidos à confiança que se aplicam a todos os aspectos da vida.

Aqui estão para você pensar sobre eles e capitalizá-los:

O VALOR DA CONFIANÇA NO TRABALHO: Permite que você assuma responsabilidades e cresça. Você se torna uma pessoa a quem se recorre.

O VALOR DA CONFIANÇA NO DIA A DIA DOS NEGÓCIOS: Permite que você conclua transações, faça vendas e construa relacionamentos.

O VALOR DA CONFIANÇA NO DIA A DIA PESSOAL: Permite que você ganhe uma reputação poderosa como pessoa de valor.

O VALOR DA CONFIANÇA NOS AMIGOS: A amizade está no âmago de todos os relacionamentos. Você normalmente conta com seus amigos de verdade. Confiança não é algo que se pode pedir, só se pode ganhar. Confiança não é algo que se mede, só se valoriza.

O VALOR DA CONFIANÇA NOS FAMILIARES: Parentes são família. Nas festividades e ocasiões especiais, são eles que celebram com você. Celebre o valor da confiança deles em você.

O VALOR DA CONFIANÇA NOS PAIS E IRMÃOS: A maioria das pessoas mente para os pais mais do que para outras pessoas. "Eu não queria magoá-los" é a mentira que você conta para si próprio. Mais do que qualquer um, você precisa do amor e do apoio de sua família. Ganhe isso, não peça ou exija.

O VALOR DA CONFIANÇA NO CÔNJUGE OU PARCEIRO: Um diálogo aberto e sentimentos profundos baseados na verdade e na confiança, não apenas confiança. Ter sempre fé na outra pessoa e as melhores intenções para com ela no coração.

O VALOR DA CONFIANÇA NOS FILHOS: Se você quer ter influência nas escolhas e no sucesso deles, se você quer ter o amor e o respeito deles, então a confiança é um aspecto vital de sua capacidade de se comunicar com sucesso.

O VALOR DA CONFIANÇA EM SI MESMO: Afirmei no início do livro que você não consegue confiar nos outros enquanto não confia em si mesmo. Autoconfiança é o que faz todas as outras confianças acontecerem e florescerem.

Invista sua vida construindo confiança. O valor disso vai exceder o trabalho empenhado. Não desperdice nem um minuto pondo a confiança em risco. É muito mais doloroso superar ou recuperar a perda.

Confiar que você tem a capacidade para acreditar em si mesmo, e a força e coragem para passar esses pensamentos e crenças na forma de confiança para os outros. Sua vida será melhor quando fizer isso.

A verdade sobre a verdade. Sem verdade, sem nada.

Por anos a fio os banheiros dos hotéis têm me pedido para "Salvar o Planeta". Sob os mais diversos formatos, adesivos no espelho, um cartão na pia, pedem que eu use as mesmas toalhas mais de uma vez para que "milhões de litros de água" sejam economizados e que o ecossistema da terra seja preservado.

AGORA EU LHE PERGUNTO: Será que o hotel quer salvar o planeta ou economizar alguns trocados? Quem pensa "planeta"? Quem pensa "uns trocados"? Por que eles não podem simplesmente ser honestos e me dizer que eu posso diminuir um pouco o custo operacional deles se diminuir minha utilização de toalhas, e que isso também vai ser bom para o meio ambiente? Por que eles não podem ser honestos comigo?

Fotografei a propaganda de uma empresa que vi no estacionamento de um shopping center em Coos Bay, no Oregon. "Não podemos mudar o mundo, mas podemos mudar (trocar) seu óleo". Essa empresa estava a todo vapor e os clientes estavam sorrindo.

Declarações de missão não significam nada. As empresas dizem a você como querem ser ótimas e como querem tratar bem os clientes – e então desrespeitam os empregados. A maioria dos CEOs não consegue recitar a declaração de missão de suas empresas.

Grandes corporações e suas firmas de contabilidade foram à falência porque mentiram, omitiram ou manipularam a

verdade. E muitos de seus CEOs estão na cadeia por terem mentido e trapaceado.

Companhias aéreas? Nem é preciso explicar, de tão patética que a "verdade" delas se tornou.

Políticos? Idem. Na verdade, eles são PIORES do que as companhias aéreas, e talvez os piores entre os piores e os mais vis entre os vis. Quando pergunto a minhas plateias: quantos de vocês acham que todos os políticos mentem? TODO MUNDO LEVANTA A MÃO. Isso é triste ou o quê?

O ex-presidente Bill Clinton mentiu sobre sexo. Você provavelmente já mentiu também. Todos os outros mentirosos no Congresso se uniram e quiseram depô-lo por mentir. Acorda!

Outros políticos – em todos os níveis – quando chamados a dizer a verdade, perdem repentinamente a memória e não se lembram do que aconteceu. Ou invocam a Quinta Emenda e decidem não se incriminar. É outra forma de mentir – ocultar a verdade.

O interessante é que esses mesmos políticos mentirosos aprovam leis impondo que os outros digam a verdade ou enfrentem as consequências. A lei *Truth in Lending*, algo como verdade nos empréstimos, ajudou imensamente o consumidor. É triste que isso precisasse ser escrito numa lei. É de se esperar que as pessoas responsáveis por conceder empréstimos sejam ao menos honestas.

Honestidade é uma palavra atemorizante em vendas. Verdade é uma palavra atemorizante. As pessoas têm medo de enfrentar essas palavras. Eu sei que tenho.

E assim todos sabemos que eu também não sou um exemplo perfeito de sinceridade – longe disso. Muitas das lições e

exemplos dados aqui são das consequências que tive de enfrentar por minhas próprias formas de inverdade.

Portanto estamos na mesma página sobre verdade e mentiras:

"Omissão" é uma mentira.

"Para o próprio bem deles" é uma mentira.

"Não queria magoá-los" é uma mentira.

"Uma mentirinha" é uma mentira.

"Esconder fatos" é uma mentira.

Alguma pergunta? É um dos Dez Mandamentos, no entanto clérigos mentem. Dizer toda a verdade exige caráter, convicção e coragem. Dizer toda a verdade exige ética, moralidade, honestidade e transparência total.

Isso não parece difícil a princípio, mas aparentemente ninguém nos dias de hoje está disposto a andar um quilômetro para devolver dez centavos. Foi assim que o presidente Abraham Lincoln ganhou o apelido de "Abe, o Honesto". Você nunca vai ouvir alguém dizer "Bill, o Honesto" ou "George, o Honesto". Eles têm outros apelidos associados a suas virtudes.

Existe um velho ditado que diz: "Como você sabe que um vendedor está mentindo?". Resposta: "Porque os lábios dele estão se movendo". Isso não é uma boa propaganda para a reputação dos vendedores.

Todo vendedor, toda empresa, busca construir relacionamentos com seus clientes. No topo está a verdade. É isso que mantém os relacionamentos sólidos e o motivo pelo qual desmoronam.

Sem verdade, sem confiança.

A falta da verdade destrói a confiança. Quando você mente e alguém descobre ou acha que mentiu, você vai passar uma eternidade tentando reconquistar a confiança. Em casa ou no trabalho – talvez especialmente em casa.

Quando as pessoas dizem: "Perdi a confiança em você" ou "Perdi minha fé em você" é porque duvidam de sua capacidade de dizer a verdade. Elas dirão: "Não consigo acreditar numa palavra do que você diz", porque elas pegaram você mentindo antes e acham que vai fazer isso de novo.

Se você quer entender o poder da verdade e das mentiras e o que elas significam para a carreira e para a vida de uma pessoa, então pense sobre a relação da verdade com pessoas como Pete Rose, Roger Clemens, Barry Bonds e Mark McGwier. Cartão vermelho.

"É claro que você pode confiar em mim. Se eu estivesse mentindo, teria cruzado os dedos."

Você não "obtém" respeito, você o "ganha".

Em 1978, Rodney Dangerfield irrompeu no cenário da comédia alegando que "não era respeitado". Este tema lhe rendeu milhões de gargalhadas e milhões de dólares. A razão é que isso criava uma conexão com sua plateia, muitos dos quais também não eram respeitados – não eram respeitados por seu empregador, pela família ou pelos clientes. Rodney era o ídolo dessa gente, seu anti-herói.

Você é respeitado? Você é respeitoso? Você acha que exige o respeito dos outros?

O respeito é algo intangível. É um sentimento, é uma posição ganha. Ao contrário da crença popular, os chefes não *exigem* respeito, eles *ganham* respeito. E os chefes que não ganham respeito de seu pessoal têm um alto índice de rotatividade de empregados e só ficam imaginando por quê.

O respeito é ganho com palavras e ações. Coisas como cumprir suas promessas, proporcionar serviços de maneira proativa, ter um envolvimento pessoal maior com o sucesso de seu cliente e assumir a responsabilidade quando a responsabilidade não é realmente sua fazem você ganhar respeito.

É o esforço extra. É a quantidade extra de esforço sincero que você insere em seu diálogo e seu processo. Os outros sentem que você se preocupa com eles e vão respeitar esse esforço.

Pouquíssimas pessoas vão dizer de fato: "Eu respeito você". Em vez disso, elas farão coisas que provam esse respeito sem jamais mencionar uma palavra. Coisas como fazer um pedido, fazer um segundo pedido, ou fazer uma indicação provam que você ganhou o respeito de um cliente. Até mesmo coisas como atender ou retornar sua ligação mostram respeito.

Uma das palavras-chave de respeito é *pessoal*. Quanto pessoal você é em suas ações? Quanto pessoal você é em sua comunicação? Quanto mais pessoal você for com os outros, mais respeito você ganhará.

Mas existe um segredo para o respeito. Se você dominar esse segredo, conseguirá criar uma atmosfera de respeito em qualquer ambiente que encontrar.

O SEGREDO É: Para ganhar o respeito dos outros, primeiro você precisa se respeitar.

Isso significa que você precisa ter confiança em si mesmo. Precisa gostar do que faz. Precisa estar disposto a servir. Precisa gostar de si mesmo, precisa se amar. Gostar e amar são coisas diferentes. Você pode gostar de si mesmo por sua imagem, pela maneira de vender, ou por como se comunica, mas você se ama por quem é, pelo que acredita e pelo que ou quem quer ser.

Amar a si próprio oferece a oportunidade máxima de se respeitar. Não estou dizendo que você precisa ser rei da integridade – eu certamente não sou, e tenho MUITO respeito por mim.

Isso significa *fazer as coisas certas* por você, *empreender as ações certas* por você e amar-se o bastante para que isso

fique evidente quando você chegar em qualquer lugar – evidente que suas expressões vêm na mesma intensidade de seu coração quanto vêm de sua mente, e o mesmo para suas ações.

Eu desafio você a passar um dia fazendo uma retrospectiva. Pegue uma folha de papel e comece a documentar todas as coisas boas que fez para si mesmo e as coisas boas que fez para os outros. Seja sincero o bastante consigo mesmo para admitir o que gosta e o que não gosta em você.

Depois documente o que você precisa mudar em si próprio para deixá-lo melhor e mais forte. Talvez seu respeito próprio padeça pela forma como você se vê no espelho, ou por escolhas pessoais que faz, ou talvez seja o ambiente em que você está. Mas o que quer que seja, se você não reconhecer isso, nunca será capaz de ganhar e fazer crescer o respeito dos outros enquanto não ganhar e fizer crescer o respeito próprio.

Uma das partes mais interessantes do respeito é que não existe uma ferramenta para medi-lo; não existe algo como "O quanto você me respeita?". O respeito começa com uma oportunidade e termina com a realidade. Você só consegue tê-lo ganhando, e só cresce lentamente com o tempo.

Dica do Git... Para saber um pouco mais sobre os elementos secretos do respeito próprio, acesse www.gitomer.com, registre-se caso seja usuário novo e digite as palavras RESPECT na caixa GibBit.

“O segredo é fácil – *faça a coisa certa o tempo todo*, e o respeito será seu. Diga as palavras certas, tome as atitudes certas e acredite de coração que é a melhor coisa que pode fazer – primeiro por você e depois pelos outros.”

– Jeffrey Gitomer

Agradeço a VOCÊ por ser meu cliente!

Os livros, inclusive os meus, geralmente terminam com agradecimentos a diversas pessoas que colaboraram ou têm alguma conexão com o autor.

Este livro é um pouco diferente.

Dedico meu maior agradecimento e minha maior dívida de gratidão a VOCÊ – meu leitor, meu apoio, meu cliente e meu amigo desconhecido.

As palavras não conseguem expressar o sentimento que experimento toda vez que chega um e-mail agradecendo pelo quanto ajudei alguém, ou quando recebo um embrulho com um cartão de beisebol, um distintivo ou um livro que alguém, em um ato espontâneo de gentileza, me dá porque sente que lhe trouxe muito através do que escrevo.

Por esta razão, o agradecimento final deste livro vai para você – com estima e respeito.

Sobre o autor

Jeffrey proferindo seu discurso de aceitação no Hall da Fama.

Jeffrey Gitomer

Diretor executivo de vendas

AUTOR. Jeffrey Gitomer é o autor dos best-sellers: do *New York Times: A Bíblia de Vendas, O Livro Vermelho de Vendas, O Livro Vermelho de Respostas de Vendas, O livro Negro do Networking, O Livro de Ouro da Atitude Yes!* e do *Livro Verde de Fazer do Seu Jeito.* Todos seus livros foram best sellers #1 no Amazon.com, incluindo *Customer Satisfaction is Worthless, Customer Loyalty is Priceless, The Patterson Prin-*

ciples of Selling. Os livros de Jeffrey já venderam milhões de cópias no mundo inteiro.

MAIS DE 100 APRESENTAÇÕES POR ANO. Jeffrey ministra seminários públicos e corporativos, promove convenções anuais de vendas e conduz programas de treinamento presenciais e pela Internet sobre vendas, lealdade do cliente e desenvolvimento pessoal.

GRANDES CLIENTES CORPORATIVOS. Os clientes de Jeffrey incluem empresas como Coca-Cola, D. R. Horton, Caterpillar, BMW, Cingular Wireless, MacGregor Golf, Fergusson Enterprises, Kimpton Hotels, Enterprise Rent-A-Car, AmeriPride, NCR, Stewart Title, Comcast Cable, Time Warner Cable, Liberty Mutual Insurance, Principal Financial Group, Wells Fargo Bank, Baptist Health Care, BlueCross Blue Shield, Carlsberg, Wausau Insurance, Northwestern Mutual, MetLife, Sports Authority, GlaxoSmithKline, AC Nielsen, IBM, The New York Post, e centenas de outras.

FRENTE A MILHÕES DE LEITORES TODA SEMANA. A coluna de Jeffrey, "Sales Moves", é publicada em periódicos de negócios e jornais nos Estados Unidos e na Europa, e lida por mais de quatro milhões de leitores todas as semanas.

NA INTERNET. Os websites WOW!, www.gitomer.com e www.trainone.com de Jeffrey recebem mais de 100 mil visitas por dia dos leitores e participantes dos seminários. Sua presença na web e recursos avançados de comércio eletrônico definiram o padrão entre seus pares e conquistaram grande apreço e aceitação dos clientes.

TREINAMENTO DE VENDAS ON-LINE TRAINONE. Lições on-line de treinamento de vendas estão disponíveis no site www.trainone.com. O conteúdo é Jeffrey puro – divertido, pragmático,

realista e imediatamente implementável. As inovações do Trainone estão tornando o programa líder no campo de e-learning personalizado.

SALES CAFFEINE. O e-zine semanal de Jeffrey, *Sales Caffeine*, é um informativo de vendas enviado gratuitamente toda terça-feira de manhã para mais de 350 mil assinantes. O *Sales Caffeine* permite que Jeffrey comunique informações valiosas sobre vendas, estratégias e respostas a profissionais de vendas. Para tornar-se assinante, clique em FREE EZINE em www.gitomer.com.

AVALIAÇÃO DE VENDAS ON-LINE. A primeira avaliação de vendas personalizada do mundo, rebatizada de "sucessment" irá não só avaliar suas competências em 12 áreas críticas do conhecimento de vendas, como também fornecerá um relatório diagnóstico que inclui 50 minilições de vendas. Esta incrível ferramenta de vendas avalia suas habilidades de vendas e explica suas oportunidades personalizadas de aprimoramento. O programa é apropriadamente chamado de *KnowSucess* (Conheça o Sucesso) porque você não pode conhecer o sucesso enquanto não conhece a si próprio.

PRÊMIO DE EXCELÊNCIA EM APRESENTAÇÃO. Em 1997, Jeffrey foi nomeado Certified Speaking Professional (Palestrante Profissional Certificado) pela Associação Nacional dos Palestrantes. O prêmio CSP foi concedido menos de 500 vezes nos últimos 25 anos e é o mais alto título concedido pela associação.

HALL DA FAMA DO PALESTRANTE. Em 2008, Jeffrey foi eleito por seus pares para entrar no Hall da Fama dos Palestrantes. A designação, CPAE (Prêmio de Excelência do Conselho de Pares), honra palestrantes profissionais que alcançaram o mais alto escalão de excelência em desempenho.

Outros títulos de Jeffrey Gitomer

A BÍBLIA DE VENDAS

(M.Books, 2011)

O LIVRO PRATA DO DINHEIRO EM CAIXA – DIN DIN!

(M.Books, 2010)

O LIVRO VERDE DA PERSUASÃO

(M.Books, 2010)

O LIVRO DE OURO DA ATITUDE YES!

(M.Books, 2008)

O LIVRO NEGRO DO NETWORKING

(M.Books, 2007)

O LIVRO AZUL DE RESPOSTAS DE VENDAS

(M.Books , 2008)

O LIVRO VERMELHO DE VENDAS

(M.Books, 2004)

O BOOM DAS MÍDIAS SOCIAIS

(Lançamento 11/2011)